ケズィック・コンベンション説教集 2013

第一のものを第一に

生活・奉仕・地域社会

First things first
—life・service・local Church

ALL ONE IN CHRIST JESUS

日本ケズィック・コンベンション

表紙デザイン：ロゴスデザイン　長尾優

序文

北海道ケズイック・コンベンション委員 **小菅 剛**

２０１３年は、第52回日本ケズィック、第48回大阪ケズィック、第47回北海道ケズィック、第23回九州ケズィック、第21回沖縄ケズィック、第7回東北ケズィック、さらに東京、京都、奈良、神戸でそれぞれケズィック大会が開かれ、各地で神の栄光を拝することができました。英国ケズイックは１８７５年が第1回で、２回の世界大戦のため６回休会と記録にありますので、130回以上です。

神がこのケズィックを英国に起こされ、日本においても今日まで継続できましたことは、ケズィックの目指すところが神の意図しますところと合致したからだと思います。それと、ケズィックに対する重荷を覚え、愛して祈り続けておられる方々がおられたからです。

「皆キリスト・イエスにあって一つ」がケズィックの中心棒、目指すところです。これは、神の御意志であります。各地区のケズィック集会では、多種多様な教派がこの中心の恵みを再確認させられています。

単に一致すればよいのではなく、一貫した聖書中心主義の上に立って成し遂げられています。神学や誇張される特殊な恵みではなく、聖書そのものがもたらす恵みが取り次がれ、ここにケズィックの流れがあります。聖書の言葉が語られるなかで、会衆がキリストにあって一つとされ、神のドラマの中に組み込まれていくのです。この恵みは、生活の中で実践される聖めへと具体化されていきます。これまで存続してきたケズィックメッセージの流れがここにあります。

「その火熱のメッセージは冷たい活字となり、その慈顔は見られず、その感動にふるう声は聞かれなくても、本書に記されているメッセージは、今後長く日本のキリスト教界の祝福となるであろう」と瀬尾要造師がケズィック説教集に語っておられました。

活字からですが、メッセージの火熱が読者に点火され、メッセンジャーの熱き胸を借りることはできます。聞いて、読んで、黙想したいものです。

2013年5月

第一のものを第一に——生活・奉仕・地域社会

First things first — life・service・local Church

目次

〈バイブル・リーディング〉

クリスチャン生活において、第一のものを第一に

ジョナサン・ラム

マルコ12・28〜34

◇クリスチャン生活において

ピーター・ドラッカー（Peter Ferdinand Drucker, 1909.11.19〜2005.11.11）は、「組織は一定の時間がたつと、正しいことをするよりも物事を正しくすることに集中する傾向がある」と述べています。組織はそれが動くことに集中するようになります。その結果、自分たちにとって何が一番大切かということを忘れてしまうのです。これはキリスト教の団体にも起り得ることです。イギリスのケズィック・コンベンションは140年近い歴史があるのですが、長く続けていく時に、「何が一番大切なのか」ということを見失ってしまう危険があります。これは各教会においても起り得ることです。

たとえば使徒言行録6章にもありますが、当時の指導者たちはしなければならない教会の雑事があり、聖書的なことが追い出されているのを感じていました。御言葉の宣教と祈りよりも、他のことで忙しくなっていることに気が付きました。教会も忙しいですから、何が大切なのかを見失ってしまう危険があります。それはクリスチャン各自にもあると思います。

私たちも歳をとってきますと、流されやすくなって来ます。そしてクリスチャンとして何が最も大切なのかを忘れてしまうことがあります。

先ほど読んでいただいた個所はその問題について扱っている所ですが、キリストの弟子として生きる中心にあるものは何かということです。

一、第一に優先すべきもの ―― 神を心から愛すること

この時イエスは宮におられたのですが、そこで当時のリーダーたちからいろいろな質問を受けていました。そんな中で、一人の律法学者と出会うことになります。彼はイエスに敵対心をもって近づいたのではありません。真剣に何かを知りたいと思ってイエスの所に来ました。彼はイエスがいろいろな質問に的確に答えておられるのを見て感動していました。「イエスがみごとに答えられたのを知って、イエスに尋ねた」(マルコ12・28)とあります。「すべての命令の中で、どれが一番たいせつですか」と。

律法学者というのは、旧約の律法をどのように解釈すべきかいつも研究している人たちです。イエス・キリストは言われました、「われらの神である主は、唯一の主である」。神が唯一であるということは、信じる者にはその方だけを信じるようにということが求められるのです。神は一人一人に恵み

を与えられますけれども、恵みを受け取る者は神が人生の中心でなければならないということです。「われらの神である主は、唯一の主である」。

さらに、「心を尽くし、思いを尽くし、知性を尽くし、力を尽くして、あなたの神である主を愛せよ」と言われています。この命令をどのように理解すべきでしょうか。心とか、思いとか、知性とか出てきますが、それは人の部分、部分を言っているのではありません。私たちの持っているすべてをもって、神さまにお答えするということです。日本語では「尽くす」と訳されていますが、英語では「all」です。残り物がなくすべてを献げて神に応答していくことです。これが引用された申命記を見ますと、「イスラエルよ。聞いて、守り行いなさい。そうすれば、あなたはしあわせになり」（申命記6・3）とあります。

この強調点は、とてもクリアだと思います。「主を恐れよ。唯一の神を恐れよ。主の命令に気をつけて従って行け。神の命令を宣教の主題にしなさい。目が覚める時も、床に就く時も、神のことを考えよ。運転する時も、子どもに語る時も神のことを語れ。神のことを次の時代の人に語り継げよ」。このようなさまざまな私たちの生活のすべてをもって、神を愛することです。そのことを旧約聖書は教え、新約聖書は強調しているのです。イエス・キリストにすべてを献げて従っていくということですが、私たちは半分の心で従おうとしたり、二心で従おうとしてイエスの愛を他の愛と同じように考えてはなりません。

イエスは言われました。「だれも、二人の主人に仕えることはできない」と。私たちはどちらか一方のものに支配されてしまいます。私たちにとっては唯一の主、イエス・キリストのみがおられます。これは「all or nothing」です。すべてのものを献げなければ、それは無いと同じです。

二、犠牲を払ってでも隣人を愛しなさい

第二に優先すべきものは、犠牲を払ってでも隣人を愛しなさい、ということです。

「あなたの隣人をあなた自身のように愛しなさい」(レビ記19・18)。これはレビ記19章からの引用です。イエスはここで三つ目の要求をされているのではありません。「神を愛しなさい。隣人を愛しなさい。自分を愛しなさい」と言われているのではありません。確かにクリスチャンの中にも、自分自身を受け入れられないで苦しんでいる人がいます。「自己評価」が低くて痛んでいる人がいます。そういう人には、私たちがイエスによってどれだけ愛されているかを知らせてあげることが必要でしょう。

「あなたの隣人をあなた自身のように愛しなさい」という命令は、意識的に他の人の必要に心を向けることです。私たちは自分のことについては本能的に気にかけるのですが、それを他の人にも意識して行いなさいということです。

イエスはルカ10章で、その愛がどのように現われるかを教えておられます。隣人を愛するということは、自分と同じような人を愛するということではありません。自分にとっては部外者のような人を

も愛すること、外国人を愛すること、あまり考えたくないような人をも愛すること。神はそのような犠牲をもって愛してくださいました。ですから私たちも同じように、他の人にも愛を注がなければなりません。

このレビ記の言葉はどのようなことなのかを知らなければなりません。それは盗んではいけないとか、偽りを言うな、他の人々を騙すなとか、いろいろな命令が書かれています。そこには、いわゆる人間関係のことが書かれています。その中で繰り返し出てくる表現があります。それは、「わたしは主である」という言葉です。「偽りを言うな。わたしは主である」。神を愛することと隣人を愛することとは関連しているのです。隣人を犠牲を払ってでも愛せよということ、それが全身をもって神を愛することを広げることになるのです。神は言われます。「……しなさい、わたしは主なる神であるからだ」と。このことについては、イエスも説明しておられます。

それに対して律法学者は、どのように反応したのでしょうか。「先生。そのとおりです。『主は唯一であって、そのほかに、主はない』と言われたのは、まさにそのとおりです。また、『心を尽くし、知恵を尽くし、力を尽くして主を愛し、また隣人をあなた自身のように愛する』ことは、どんな全焼のいけにえや供え物よりも、ずっとすぐれています」。

この会話は、神殿で行われていました。この律法学者の周りには、仲間の学者がいるのです。ですから、このイエスに対する答えは、この二つを優先すべきこと。すなわち、「心を尽くし、知恵を尽くし、力を尽くして主を愛し、また隣人をあなた自身のように愛する」ということは、「私たちがこの宮でなしている、犠牲をささげていることよりもすぐれています」という宣言です。ですから彼は、イエスとの会話の中で非常に重要なことを見つけ出しています。

神の前に本当に大事なことは外側のことではなくて、内側のことであるということです。何か外側で行う儀式ではなくて、私たちの内側のことであるということ。ですから、イエスは言われました。「あなたは神の国から遠くない」と。「それから後は、だれもイエスにあえて尋ねる者がなかった」のです。

このようにしてイエスは、彼の解答を評価しておられるのです。「あなたは正しい、発見の道を歩んでいる」と教えておられると思います。彼は知りたいと思うことに、正直に取り組んでいるからです。彼はユダヤ教の律法学者として、自分の正しいと思った質問をしているのではありません。彼は、「何が本当に大切か」ということを求めているのです。しかし、イエスの答えを注意してください。「あなたは神の国から遠くはない」。ずいぶん進歩したなということです。この二つのことが、宗教的な儀式よりもすぐれていることに気がついてきたなと。しかしイエスは、「あなたはまだ神の国の中にはいない」と言われたのです。

私は7歳の頃だったと思いますが、水泳を教えてもらいました。水着を着て、浮輪を着けて、プールの端に立って、すごく怖かったのです。飛び込むのには三週間かかりました。

イエスが律法学者に言われたのは、「あなたは端っこに立っている状態だ」と言われたのです。神の国の端っこに立っているということってあるんですね。入口のすぐそばまできているのに、その中に入らないということはあるのです。これは私たちに対するチャレンジでもあるのです。教会の中にも、このような人がいます。どのようにすれば神の国に入れるかということですが、ほとんどの宗教では、「良いことをすることによって」と言います。「良いことをして、神さまから承認してもらって、もし悪いことをしていたら償いをして、赦してもらって……」。これはよく見られる一般的な宗教の姿勢ですね。

こういう生き方には、二つの方法しかありません。言うならば、二つのタイプの宗教しかないということです。

例えば、皆さんがこの部屋に入って来る時に一枚のカードをもらったとします。カードには何か書かれていますが、最後の所は自分で書くようになっています。「私は天国に行けると信じます。なぜならば……（空白）」。その空白の所に、いろんなことを書くでしょう。英語では because と言えばすぐわかります。

ある宗教は、「私は……」で始まります。クリスチャンは、「イエス・キリストは……」で始まります。イギリスの学校で、ラジオの番組のインタビューをしていました。それは子どもたちが宗教に対してどんな考えをもっているかという番組でした。最初は基本的な質問でした。「どうしたら天国に行けますか？」=「良い人になることです」。「良い子になることです」。他の女の子に質問してみました。「誰か天国に行けない人いるかな?」しばらく考えて、「います! お兄ちゃんだ!」と言ったのです。「どうしてお兄ちゃんは行けないの?」と聞きますと、「お兄ちゃんは、お父さんの部屋の窓ガラスを割ったから!」と言いました。「じゃあ、お兄ちゃんは絶対に天国に行けないの?」と聞きました。しばらく考えて、「お兄ちゃんは自分のお小遣いで、お父さんの部屋の窓ガラスを直したらいけるかな!」と言ったそうです。

これは、一般的に皆が持っている宗教観だと思います。「私は天国に行けると思うよ。だって良い人間だから……」。「ちょっと悪いことをしても、償いをすればいいんだから……」。

ですから、人々は自分の学歴や職歴を誇りにします。またかつてのパウロのように、家系を誇る人もいるでしょう。しかしイエスは、「神を愛すること、また人を愛することに尽きる」と言われます。ユダヤ人もそのように考えていましたが、イスラム教も同じように考えています。また多くの人も、聖書はそのように教えていると考えています。「神を愛し、隣人を愛する」。みんな「それは大切なことです」と言います。

でも、ここに問題があります。それは、「私たちはそれをやり遂げることができない」ということです。不可能なのです。「全力を尽くして神を愛すること、犠牲を払ってでも隣人を愛すること」、それは大切であるということがわかっても、実行することはできないのです。

三、どうすれば天国に行くことができるのか

第三に、ではどうすれば天国に行くことができるのでしょうか。

それは、完全に主に信頼することです。クリスチャンの信仰は、他のいかなる信仰とも全く違っています。聖書のメッセージは、「私が何かをするか」ではありません。「どういうことがなされたのか」ということです。私たちがこの神にすべてを明け渡していけばいいのですが、「神を愛し、隣人を愛して」ということは、イエス・キリストが私たちのために全てをなし遂げてくださったということの上に立っています。この個所は、その答えのために書かれているようなものです。

マルコは、「主なるイエス」を私たちに紹介しています。マルコ10章45節には、「人の子が来たのも、仕えられるためではなく、かえって仕えるためであり、また、多くの人のための、贖いの代価として、自分のいのちを与えるためなのです」と言われています。ですから、私たちが天国に入るためにはどういうふうにするのか。それは、王なるイエスを受け入れることです。主が、「贖いの代価として、自分のいのちを与え」られたことを受け入れることです。神殿や、儀式のことではなく、全力を尽くして律法を守ることでもなく、ただすべてはイエスにかかっているということです。罪を悔い改め、完全に主に信頼して生きることです。

イエスは律法学者に、「あなたは神の国から遠くはない」と言われました。「わたしはここにいる」

と言われたのです。「わたしはそばに立っているではないか」ということです。彼は神なるお方に語っているのです。神の権威の許にすべて従って行くということです。悔い改めて、神の赦しを受け取っていくことです。聖霊の力、助けを受けて、これから神の民として生きていくということです。神の赦しを受けとって入って行くことです。完全にイエス・キリストを信頼していくことです。イエスは十字架上であの二つの戒めを完全に成し遂げてくださいました。だれもできないことをイエスが十字架上で成し遂げてくださいました。イエス・キリストはすべてを用いて、その愛を父なる神に現わされました。神の敵であった私たちのために、十字架上で愛を現してくださいました。いのちを与えるまでに私たちを愛されました。

四、どのようにして、「神を愛し、隣人を愛すること」ができるのか

最後に、私たちはどのようにして、「神を愛し、隣人を愛すること」ができるのでしょうか。それは、キリストの中にあることによってのみできます。

私は家で金魚を飼っていました。もしこの金魚が、「自由になりたい！」と言って、金魚鉢から飛び出たら、彼は自由でしょうか。私たちも神のお造りになった中にいるならば、本当に自由になるのです。神に本当に信頼する時にのみ、真の自由をもつことができるのです。

しばらく前のことですが、ある一人の日本人の方がクリスチャンになったという記事を読みました。

彼は改心する前は泥棒でした。ところがイエスを知るようになりました。彼はイエスを信じて最初の日曜日、教会に入りました。教会の壁に十戒が掲げられていました。その一つの言葉が目に入りました。「盗んではならない」。その言葉を今までとは違う感覚で読むことができました。「盗んではならない」という言葉ではなくて、「あなたはもう盗むことなんかない」というような意味で、その言葉が飛び込んできました。律法は私たちを責めて来るものでしたが、今度はいのちを与える約束として彼の目に飛び込んできました。イエス・キリストに赦されたことを知っている彼は、新しいいのちを受け取ったことを知り、また聖霊の力を知り、もう盗むことなんかなくなったのです。

この人のように律法の言葉は、今度は約束の言葉となるのです。イエス・キリストにあるならば、聖霊の力によって、神に従っていく喜びと自由をいただくことができるのです。イエス・キリストを信頼して、聖霊によりイエスのいのちを知り、ここにある二つの命令を守る力をいただいて、歩むことができるのです。第一のものを第一として、ここに言われていることは、本当に大事なことです。私たちの生活の中で、これを第一としていかなければなりません。

すべてをもって神を愛すること、自分の命そのものをイエスに献げること、他の神があってはならないのです。すべてをもって主を愛すること、第二は犠牲を払ってでも隣人を愛すること、それはイエスが私のような者のために命を捨てられたように、私たちもその愛を与えていくということです。

それはどのようにしてできることでしょうか。イエス・キリストを完全に信頼することによってのみ、それが可能となるのです。イエス・キリストのなさったことを、悔い改めと信仰によって信頼することによってです。その時に神の栄光のために生きる者となるのです。

（文責・錦織 博義）

〈バイブル・リーディングII〉

キリストを伝えるために、第一のものを第一に

ジャナサン・ラム

IIコリント4・1〜6

◇神の働き人において

「私たちがクリスチャンとして神に仕えていく動機は何でしょうか」。「私たちの生き方を決めるものは何でしょうか」。「私たちが第一にすべきものをどうやって決めているのでしょうか」。そういうことを考えるのに、これは非常に重要な個所だと思います。

ここを読む時、「私たちの奉仕は何を考えてしているのか」を考えさせられます。パウロが働いている中での様々な困難が述べられています。彼が直面している困難の目録のような気がします。その中で、この働きを進めるべきか、それとも中断すべきなのか考えさせられていたと思います。コリント教会にはパウロの働きを認める人もいましたが、厳しい批判をする人もいました。それはリーダーとして、また語る者としては厳しい評価でした。だから彼自身もかなり厳しいプレッシャーの中にい

たでしょう。しかし、ここには自分が神に仕える者として、「何を第一にしているか」ということを記しています。

一、「神の召しを知る」ということ

「私たちは、あわれみを受けてこの務に任じられている」。神からこの務に任じられているという確信でした。ここに、「この務」という言葉が出てきます。これは「新しい契約」として3章で語られています。自分が召されている中心は、新しい契約（福音）を伝えることであるとパウロ確信していました。様々な困難がありましたが、自分は神から召されているという確信がありましたので、そのような中でも耐えることができました。

彼はまた、「自分は祭司の務めを担っている」（ローマ15・16）と確信していました。祭司とは、神からメッセージを受け、神から使命を受けて働くことです。「私は神の代表（代り）として語っているのだ」、またⅡコリント2章16節を見ますと、「このような務にふさわしい者は、いったいだれでしょうか」と述べています。また、「神から遣わされた者として語るのだ」と言っています。「このような迫害や困難があっても立ち向かうことができる。なぜなら、神から任じられているからである」とも述べています。パウロは手紙を書く度に、このことを強調しています。

5章では、「和解のことばを私たちにゆだねられたのです」（Ⅱコリント19節）と言っています。どんな困難や試練がやってきても、自分が本当に神から召されているのだという確信があるならば、それらを乗り越えていくことができるのです。神に召された者には神から召されたということと同時に、神に果たすべき責任もあります。

同4章2節でパウロは、「神の御前（神の見ている所で）で自分自身をすべての人の良心に推薦しています」と述べています。彼はこの言葉を、この手紙で何回も使っています。「私は神に仕えている。それは神が見ておられる所で仕えている」。それは、私の第一の責任は人々に対してではなく、私を任じてくださった神に負っているということです。これを読む時には、私たちにとってもチャレンジになりますが、「任じられている」という時には、軽々しい思いは全くありません。彼は神の御言葉を忠実に語っている時にも、真剣でした。彼が批判を受けている時にも、どのようにそれに応じていくかという時にも、決断する時にも、彼は常に神を意識していました。「神が見ておられる中でこれをしているのだ」ということを。それはパウロが、神に対して果たすべき責任を感じていたからです。

第一のことは、神から召されていることは私たちの責任であると同時に、私たちの祝福でもあります。私たちはただ単に、教会のために働いているのでもなければ、どこかの団体のために働いているのでも、だれかに雇われて働いているのでもありません。私たちはだれかによい印象を与えるためにだれかから賞賛を得るために働いているのでもありません。私たちは神が見ておられるところで、神に仕えている者です。

ロシアの教会は様々なプレッシャーを感じています。教会も小さいし、クリスチャンも若者が多いのです。また行政の制限も厳しいのです。ある宣教師たちは、国外退去を求められています。メールによると、「しかしこれは神の働きである」と。私たちはいつも「これは神の働きである」ということを心に留めておくべきです。私たちが神に仕えるのは、自分の力に頼るのではなく、「神のあわれみを受けて」神から召され、神の大使として遣わされているということです。ですから、神に対して果たすべき責任を負っているのです。

二、神の言葉を説き明かすとこと

「恥ずべき隠された事を捨て、悪巧みに歩まず、神のことばを曲げず、真理を明らかにし、神の御前で自分自身をすべての人の良心に推薦しています」(Ⅱコリント4・2)。ここでパウロが強調しているのは、メッセージに忠実に生きることとです。言葉を曲げず、人々の歓心を買おうとしないで、彼はそのまま真っすぐに説き明かすことに忠実に仕えています。これは教会にとっても、とても大事なことです。

神の言葉がいつも教会の中心になければなりません。神の言葉に対する私たちの使命は、神の言葉を真っすぐに忠実に語り続けることです。2節に、「言葉を曲げず、真理を明らかにし」とありますが、真理をすべて明らかにすることです。これは、「手の内を明かす」というような意味があります。「全部をあなたがたに示していますよ」ということです。またメッセージを曲げないと言っています。真理をそのまま説き明かします。人の歓心を買うために、そこに何かを付け加えたりせず、そのままにはっきりと語ること。それは特別な人々にだけ語るのでもありません。「すべての人」にです。

ところが、当時はすべての人がそうではありませんでした。ですから、「神のことばに混ぜ物をして売るようなことはせず」(同2・17)と言っているのです。その頃から、カルトのようなグループがありました。彼らは、何かを売るセールスマンのようにして福音を語っていたようです。当時は、ぶどう酒に水を混ぜて売っている人もいたようです。儲かればいいのですから……。そのように人々の歓心を得るために、また自分の益になるために言葉に混ぜ物をするような説教者もいたようです。

また11章では、これは全く「異なった福音」(同4節)だと言っています。彼らが語っているのは、「異なったイエス」だったのです。「福音」という言葉を語っても、それは強さばかりを強調し、「弱さ」を強調してはいない。成功ばかり語り、失敗など語らないのです。栄光にあずかることばかり語り、十字架の苦しみにあずかることは語らないのです。「私の重要なことは、忠実に、明らかに、すべてのこと(真理)を語る」というのです。

昨日は、主イエスが申命記から引用された個所から話しましたが、そこで強調されていたことは、神の言葉はいつも私たちの心になければならないということでした。朝、目覚めた時から夜、床に着くまで、歩きながら語る時も、子どもたちに教える時も、次の世代に譲り渡して行く時にも、ここで語られている第一にすべきことは、神の言葉を説き明かすことです。皆さんもご自分の家庭で、会社で、学校でそのようになさっているでしょうか。

三、神の御子を宣べ伝えること

「私たちは自分自身を宣べ伝えるのではなく、主なるキリスト・イエスを宣べ伝えます」（Ⅱコリント4・5）。しばらく前のことですが、クリスチャンの雑誌の中にある記事が載っていました。教会の中に買物をするような姿勢が見られるというのです。その中で、「今の教会はマック（マクドナルド）チャーチだ」というのです。教会で自分たちの宣伝をするのです。競争して、自分たちを売り込んでいくような教会があります。

パウロの時代には、人間を崇拝するような危険がありました。外から見たイメージが大事でした。パウロ自身も、「実際にあった場合の彼は弱々しく、その話しぶりは、なっていない」（同10・10）と言われていました。そのことは、彼も認めていました。ですから、「自分は弁舌をもって説き伏せようとはしていない」と言っています。パウロに敵対していた人々は、非常に外見を気にしていました。ですからパウロは、「私たちは自分自身を宣べ伝えるのではなく、主なるキリスト・イエスを宣べ伝えます」（同4・5）と言っています。私たちは自分の力を蓄えようとして働いているのでも、自分のカッコよさを見せるためにしているのでもありません。私たちはただ、「主なるキリスト・イエスを宣べ伝え」るのですと。

また、「私は、すぐれたことば、すぐれた知恵を用いて、神のあかしを宣べ伝えることはしませんでした」（Ⅰコリント2・1）と語り、「私は、ただ一つのことしか知りたいとは思いません。それはイエス・キリスト、すなわち十字架につけられた方のほかは」と言いました。

「十字架につけられたイエス・キリスト」「主なるイエス・キリスト」。これがパウロの語ったメッセージの中心でした。それがまた、クリスチャンの中心でなければなりません。「神の御子なるイエス・キリストを宣べ伝える」ことです。私たちの救い主であり、主なるお方を宣べ伝えることです。ですから、「私は、本当にこのことを宣べ伝えているであろうか」。「私の仕事は、イエス・キリストを人々に宣べ伝えることだろうか」。「私はいろいろな人と関係をもっているが、彼らにイエス・キリストを伝えているだろうか」。「み言葉を通してイエスを伝えているだろうか」。「イエスのような生き方を通して、イエス・キリストを伝えているだろうか」。「教会を通してそのようなことをしているであろうか」。私たちは本当に、イエス・キリストを主として宣言しているだろうか」と、自分に問いかけてみることも大切です。

四、イエスのために、神の民に仕えるしもべとして生きる

私の友人がリーダーについて、「多くのリーダーは部屋に入って行く時、特別な態度がある。『ここ

に私がいる！』という態度だ」というのです。そのようにして尊敬の眼差しを受けようとするのです。しかしクリスチャンのリーダーは、「そこにあなたがおられますね！」という態度を持つべきです。これは単純なことですが、重要なことです。私たちの家族では、教会においては、職場においては、「私はここにいる」と言っているのか、そこにいる人に関心を持って見ているでしょうか。

パウロは、「私たち自身は、イエスのために、あなたがたに仕えるしもべなのです」（Ⅱコリント4・5）と言っています。パウロ自身は、自分がイエス・キリストに仕える者であるなら、「他の人々のしもべでもある」と確信を持っていました。彼は、「自分が使徒職についているのは、自分が何かを得るのではない。自分は、自分の栄光を求めて働いているのではない。自分のエゴを満足させるために働いているのではない。私はこの働きを、あなたのしもべとして行なっているのだ」というのです。これはすべて信じる者にとって必要なことではないでしょうか。

私たちはイエスによって救われ、自由な者とされました。しかし私たちが自由にされたのは、お互いに仕え合うためです。教会において、神は置かれたその場において、私たちに与えられている使命は、主の忠実なしもべとして生きることです。これは普通の考え方と逆です。ですから、このことのためには神の恵みの助けを求めなければなりません。この5節には、「主の権威」と「私たちの謙遜」というコントラストがあります。私たちは力強く、「イエスは主である」と宣言します。しかしそこに、「私たちは仕える主のしもべです」という謙遜が働きます。

五、神の力を信頼すること

パウロの言葉を聞いていた人々は、「パウロのようなやり方では実らない。あなたの話し方はなっていない。そのような話し方では、救われる者はいない。自分たちのやり方の方が効果的だ」と思ったと思います。確かに、救われる者は少ないでしょう。そのような批判に対してパウロは、「それでもなお私たちの福音におおいが掛っているとしたら、それは、滅びる人々の場合に、おおいが掛っているのです。その場合、この世の偶像の神が未信者の思いをくらませて、神のかたちであるキリストの栄光にかかわる福音の光を輝かせないようにしているのです」と言っています。

パウロはここに二つの現実があることを語っています。一つは、「霊的盲目状態になっている」ということです。栄光が見えないように、覆いがかけられています。「ユダヤの民は、この御言葉を本当には理解していない。彼らの心には覆いがかけられているからだ。その覆いを取り除くのは聖霊だけである」。「否、覆いが掛っているのはユダヤ人だけではなくて、この世のすべての人々に掛っている」。それは真実だと皆さんも思われるでしょう。霊的に見えない、霊的に反抗する人々がいます。

「種まき」の譬でイエスも言われました。道端に落ちた種は、悪魔が来て取って食べてしまうから、御言葉を信じることができない。21世紀になってからはあまり話されませんが、彼らは自分が語る福音に現実に妨害があると確信していました。この世の中に霊的な目を塞ぎ、霊的な耳を塞ぐ、そういう悪霊の働きが起っていると知っていました。今でも日本でも、イギリスでも、インドにおいてもそうですが、福音を聞いている多くの人々が、「自分には関係がない」と福音を拒みます。このような滅びに至る人々には、福音に覆いがかけられて隠されています。サタンが未信者の心をくらましています。ですから、私たちもこの現実をしっかりととらえておく必要があります。

もう一つの現実は、霊的な光を照らすことです。「『光が、闇の中から輝きでよ』と言われた神は、私たちの心を照らし、キリストの御顔にある神の栄光を知る知識を輝かせてくださったのです」（IIコリント4・6）。私たちが使命を果たしていく時に、もう一つ確信を持つことができます。それは、「神が人々の心に霊的な光を明らかにしてくださる」ということです。それはちょうど、天地創造の業をなさった時のように、福音の意味を照らしてくださいます。パウロ自身も、ダマスコに行く途中で大きな光を見ました。光は心の中にある闇をすべて追い出します。このようにイエス・キリストの光に照らされることによって、私たちはイエス・キリストを知ることができます。イエス・キリストは神の像であられます。イエス・キリスト御自身が、神の栄光を現してくださるお方です。

この重要性について、神の力に信頼することです。イエス・キリストを宣べ伝えることを通して、聖霊が光を照らしてくださることを通して、人々はこの世の闇の中からこの光の王国へと導き出されます。私たち自身にも、神の恵みによってこのことが起りました。このことが私たちの周りの多くの人々に起るように、私たちは祈って行かなければなりません。

私は若い時にクリスチャンになりました。学生時代に、何とかイエス・キリストを伝えようと思って頑張りました。一人の親しい友人がいて、いつも一緒に通学していましたし、議論もしました。彼は私よりずっと頭が良く、議論ではいつも私が負けていました。何度か話ましたし、結局彼はクリスチャンになりませんでした。私たちは別々の大学に行きました。卒業時になっても、しばらくして、彼から手紙が来ました。「大学に行ったら、クリスチャンの集会があり、行ったんだ。そして僕はクリスチャンになったんだ」というのです。神の御言葉を宣べ伝えることは、決して時間の浪費ではありません。私たちは神の力に信頼することです。神の御言葉に、聖霊に力があります。この聖霊によって私たちの目が開かれます。私たちも宣教の方法を考えるのも必要でしょう。しかし、福音は種です。御言葉が種です。福音はすべて信じる者を救う神の力です。

「私たちは、あわれみを受けてこの務めに任じられているのですから、勇気を失うことなく」(同4・1)。クリスチャンとして仕えていく時、一番大きな誘惑は落胆です。どんなに働いても、天に行くまで実りを見ないかもしれません。しかし「勇気を失いません」と宣言しましょう。

(文責・錦織 博義)

〈バイブル・リーディングⅢ〉

地域教会において、第一のものを第一に

ジョナサン・ラム

Ⅰテモテ2・1～7

「第一のものを第一に」というテーマでお話しておりますが、今朝はその三回目、最後になります。特に、「地域教会において、第一のものを第一に」ということを考えてみましょう。

◇世界的な視野の広さをもって

第1テモテ2章でパウロは教会に対して、世界的な視野を持つようにと言っています。この手紙は一つの地域教会に宛てて書かれた手紙です。ですから礼拝のことなども意識して書かれていますが、地域の教会の中で一番大切なものは何かというと、それは「第一ものを第一に」することだと、パウロは言っているのです。

2章の冒頭でパウロは、「そこで、まず第一に勧めます」（同1節）と記しています。私の経験では、

教会というのは、自分の教会のことをまず考えようとします。何とか教会の働きがスムーズに進むようにと。ところがそのようにしているうちに、教会の外に世界があることを忘れてしまうようになるのです。私たち一人一人のクリスチャン生活においても、同じことが起こります。

パウロはテモテがエフェソの教会で奉仕する中で、様々な問題に直面していることを知っていました。そのような彼に手紙を書いているのに、パウロはまず、「祈りなさい」（1節）と言っています。しかも教会のためにというのではなく、外の世界（「すべての人々」）のためにと言っているのです。

1節は、神がこの世界というこことにどれほどの情熱を抱いておられるかということを語っています。「すべて」という言葉が繰り返されています。「すべての人々のために」（1節）、「すべての人々が救われて」（4節）、「すべての人の贖いとして」（6節）、「すなわち異邦人に」（7節、「異邦人」ということはすなわちすべての人を意味しているから）とあるとおりです。

パウロは神の目の中に特別に選ばれた民とか、エリートは存在しないということを強調しています。短い段落ですけれども、神は世界的な視野を持っておられることを表しています。この段落を要約する意味で、二つの副題をつけたいと思います。それは教会がどのようにして「第一のものを第一に」するかということに関わります。

◇すべての人のために祈りなさい

第一は、すべての人のために祈りなさい、ということです。皆さんも祈りの手帳を持っておられると思います。普通は、まず自分に親しい人についての祈りから始めて、だんだんその対象が外側に広がっていくのではないかと思います。けれどもパウロがここで言っているのは、一番遠い関係の人のために祈ることから始めなさいということです。

1節で、いろいろな人のために、特に権威をもっている人々、指導者のために祈るようにと求めています。その人たちは、教会の存在に大きな影響を与えるからです。1節の言葉からすると、教会の優先順位の第一は、全世界的にならなければならないということです。

私が以前所属していた教会には、世界的なビジョンを持った二人の方がいて毎週月曜に共に集まって祈っていました。まず一人の方が20分かけて、あらゆる国のために祈ります。次にもう一人の人が祈ります。「まだ宣教師が入っていないような地域のすべての人の救いのために」と言って。この人は、パウロと同じように、すべての人への関心を持っていたのです。なぜこのようにすべての人のため祈らなければならないのでしょうか。三つの理由を挙げてみましょう。

1　現実的な理由

第一にパウロは現実的な理由を述べています。「平穏で落ち着いた生活を送るためです」（2節）と。パウロの時代、ローマ帝国は平和な時代でしたので、福音を比較的伝えやすい状況でした。

今なお多くの国では、政府の姿勢によって、教会が礼拝できるのか、宣教できるのかという危険性をもっています。教会の存続すら危うくなる地域もあります。私が関わっているあるミニストリーでは、福音の宣教が困難な国々のクリスチャンとの働きを担っています。教会のリーダーが逮捕されるような危険性があったり、教会堂が焼き討ちに遭ったりとか、そういう状況では、私たちは政治家や政府のために祈ると思います。

2　神学的な理由

第二に、パウロは神学的な理由を挙げています。パウロはこの言葉を通して私たちこそ、世界的な宣教に目を向ける必要があると述べています。神がすべての人の救いに対して情熱を持っておられるからです。

①神学的理由の第一は、神は唯一であられるということです。「神は唯一であり、神と人との間の仲介者も、人であるキリスト・イエスただおひとりなのです」（5節）。唯一であるということは、この世界を造られた神は唯一であり、私たちを贖ってくださった神も唯一であるということです。神は

唯一であられるゆえにすべての人への情熱を持っておられるのです。新約聖書も旧約聖書も、神のこの思いの上に立っており、これがキリスト教信仰の土台なのです。

パウロはこのことを強調します。唯一の神がおられるなら福音も一つであると。ローマ3章29節に、「神はユダヤ人だけの神でしょうか。異邦人の神でもないのですか。そうです。異邦人の神でもあります」と書かれているとおりです。またパウロがアテネの人々に説教していたとき、この世界を造られた神は天地を造られた主であって、すべての人が悔い改めることをお命じになっていると述べています（使徒言行録17章）。唯一の神がおられ、すべての人は唯一の神によって造られ、愛され、神の前に負うべきものを持っています。

②第二の神学的理由は、唯一の目的があるということです。4節に「神は、すべての人々が救われて真理を知るようになることを望んでおられます」とあります。パウロがここでも強調しているのは、神はすべての人が救われることを望んでおられるということです。

テモテの教会には、間違った教えが入り込んでいました。その教えの一つの特徴は、優れた知識を持った人だけが救われるというような教えです。パウロはこのような教えを否定しました。神の熱意は、すべての人に届いているのだからです。神は民族や性別を超えて、すべての人が救われることを望んでおられるのです。

もちろんパウロはすべての人が救われると言っているのではありません。すべての人が真理を知り、回心をするように備えるということです。ペトロも同じことを言っています。神は、「一人も滅びないで皆が悔い改めるようにと、あなたがたのために忍耐しておられるのです」(Ⅱペトロ3・9)。

③第三の神学的理由は、唯一の仲介者がおられるということです。5節と6節に書かれています。「神と人との間の仲介者も、人であるキリスト・イエスただおひとりなのです。この方はすべての人の贖いとして御自身を献げられました。これは定められた時になされた証しです」。

パウロはまず神は唯一ですと言い、神と人との間の仲介者も一人ですと言っています。異端の教えの特徴は、キリスト以外の仲介者を持ち出すことです。パウロは、神と人とを結ぶ仲介者は唯一であると言っています。世界のための唯一の仲介者はキリストです。ですからパウロのメッセージの中心はキリストで、キリストですべてが完結しています。

私はオックスフォードに住んでいます。決して大きな町ではありませんが、100か国以上から来た留学生が住んでいます。私たち夫婦もそのような学生たちを家庭に迎えます。その中に、一度も教会に行ったことのない留学生もいました。その学生が、「先生が行っている教会に行ってもいいですか？」と聞いてきましたので、私たちはとても喜びました。

彼は日曜の朝、教会に来ました。礼拝が始まって15分くらいたったとき、彼はこのように尋ねました。「ところであなたが信じている神ってだれですか？」。礼拝中ですからそっと彼に答えたのは、「イエス・キリストを見なさい。そうすればわかるから」ということでした。これが私たちにとってのいちばん良い答えです。神とは誰か？　だれを礼拝しているのか？　それは神と人との唯一の仲介者であられるイエス・キリストです。

今の時代、クリスチャンはよく傲慢ではないかと言われます。どうしてキリスト教の神だけが、世界のすべての人の神であるというのかというようにです。そのように言われるときに、５節の御言葉が私たちを助けてくれます。「神は唯一であり、神と人との間の仲介者も、人であるキリスト・イエスただおひとりなのです」。

しかし私たちが神と仲介者が唯一であると語るときには、謙遜に、相手の気持ちを思いやって語らなければなりません。日本でもイギリスでも、いろんな神がいて、どれでも同じであるという考え方がありますが、そのような考え方に流されずに、イエスが世界の救い主であるということを大胆に語ることを失ってはならないのです。

「唯一の仲介者はキリストです」ということが大事です。御自身を与えるということが、仲介者の役割ですが、イエスが十字架で命をささげられたのは、私たちに自由を与えるための贖いの代価でした。私たちが世界に宣教するという情熱を失わないためには、もう一度私たちが新しい目でイエス・キリストがどういう方であるかを知らなければならないのです。イエス・キリストこそ世界の唯一の救い主であり、世界のすべての者の主であられるならば、世界宣教の情熱も、権威も、力も、すべてをお持ちです。

パウロは、すべての人のために祈りなさいと言いました。神は唯一であり、神の目的は一つであり、神と人との仲介者も唯一であり、神御自身がすべての人が救われることを望んでおられるゆえに、すべての人のために祈らなければなりません。

私たちの教会の祈りに世界宣教に対する祈りがなぜ少ないのでしょうか。あまり自分には関係がないと考えている人、自分たちが今関わっている問題の方が重要だと考える人、また世界のすべての人のために祈ってもそれは効果があるのか、必要なのかと考える人もいます。私たちは、緊急性という感覚、あるいは神の持っておられる情熱を、失っているからではないでしょうか。自分たちの考えが変わるためには、この御言葉から、すべての人のために祈ることがなぜ必要なのかということをよく受け止めていかなければなりません。すべての人のために祈ること、これが神の御心を実現させていくことだからです。

今世界中で、宣教の実りが広がっています。歴史を通じて、一番福音が広がっている時代に生きています。毎日、何千人という人が救われています。毎週千六百の教会が新しく建てられていると言われています。パウロは、これらのことは教会の人々が集まって礼拝するときに、すべての人のために祈っているからだと言っています。ですからすべての人のために祈りましょう。

◇すべての人に宣べ伝えなさい

終わりに、一つの言葉を見落としてはなりません。それは、「すべての人に宣べ伝えなさい」ということです。「わたしは、その証しのために、宣教者また使徒として、すなわち異邦人に信仰と真理を説く教師として任命されたのです」（7節）と。

パウロの使命も、私たちの使命も、福音の宣教者になるということです。特定の人に向かってではなく、すべての人のためにということを表すために、パウロはわざわざ異邦人という言葉を付け加えています。

神の御心が実現するために、私たちにも同じようにイエス・キリストの福音を伝えていく使命がゆだねられています。なぜかというと、私たちが、神はお一人であり、神の御心は一つであり、神と人との仲介者も一人であることを知っているからです。神はそういうお方です。イエスはこういうことを願っておられます。「その証しのために」私はすべての人に福音を宣べ伝えるとパウロは言うのです。

パウロは自分の働きを表すのに三つの言葉を使っています。第一に、私は宣教者である。これは福音のメッセージを伝える伝道者の働きです。第二に、使徒である。つまり教会を建て上げる働きです。そして最後に私は教師に任命されている。これはクリスチャンを弟子としていく働きに召されているということです。

なぜパウロが、「わたしは真実を語っており、偽りは言っていません」（7節）と言わなければならなかったのでしょうか。それは教会の中に、異邦人に福音を伝える必要などないと考えている人がいたからです。しかしパウロは言います。これは真実である、この福音はすべての人のためのものです。ですからまず私たちは、すべての人のために祈らなければならないのです。そしてすべての人のために出て行かなければなりません。

パウロは自分の召しのことを述べているのですが、ここではすべての地域教会が、ケズィックなどの働きを通じて、全世界に広がっていかなければならないということをも意味しています。私たちは世界的視野を身につけた市民の感覚をもって、すべての人のために祈り、すべての人のために福音を宣べ伝える必要があります。それは今パウロが述べた真理から言われていることです。

東ヨーロッパの学生クリスチャンたちは、シベリアやロシアなどに派遣されて訓練を受けます。一人の学生がシベリアに派遣されました。彼はオックスフォードで経済学を専攻して学位を持っていたのですが、彼はクリスチャンのグループを作る願いを持ってヤクーツクに遣わされていきました。そこは道路も鉄道もつながっていなくて、飛行機で行くしか方法がありません。寒くて、だれも歓迎してくれず、ほとんどキリスト教が伝えられておらず、暗い雰囲気のところで2週間もいれば落ち込んでしまうようなところです。

　彼が帰ってきたときに、質問しました。なぜ君はそういうところに行こうとしたのかと。彼の返事は、キリストが、「すべての人のために死んでくださった」からですというものでした（Ⅱコリント5・15参照）。彼はキリストが自分のために死んでくださったことを知っていました。彼は、その町の絶望的な若い人々のためにそれを伝えたいと思ったのです。彼はパウロの思いを理解したのです。神は一人であり、神の御心は一つであり、神と私たちの間に立ってくださる方はお一人だということを知っていたのです。

　私たちはこのことのためにどのように行動していくことができるでしょうか。たとえば教会で祈りのグループを作って他の国のために祈るとか、あるいは宣教団体と連絡を取ってどの国でどんな必要があるかというような情報を集めるとか、一つの国を取り上げてニーズを学んでいく。そのような国に遣わされる使命を与えられている人もいるかもしれません。

　私たちのすぐそばに、外の世界があるということを知ってください。私たちのすぐそばに、イエスのことを知らない人がいます。その人のために祈ることが必要です。

　私はもう年を重ねているからという方もいらっしゃるかもしれません。私は義理の父と13年間生活を共にしました。彼は体に障害があり、歩くことができず、13年間部屋を出ることができませんでした。しかし彼の椅子の傍らの机に紙が置いてあり、彼はそこに書かれた人たちのために日々、祈っていました。各国の宣教報告や祈りの課題を集め、世界中の人のために祈っていました。当時、世界各国を旅していた私よりも、義父の方が神の目的のために遙かに必要なことを多く行っていたと感じています。私たちも何かをしなければなりません。パウロは「第一のものを第一に」と言いました。すべての人のために祈り、すべての人にキリストを宣べ伝えなければなりません。神の民であるすべての人が、この熱い祈りをささげなければなりません。すべての人が神をほめたたえるようになるために、すべての国民、すべての人がキリストを知ることができるように祈りましょう。

（文責・大井 満）

〈聖会Ⅰ〉

クリスチャン生活の土台

ロバート・カンビル

エフェソ1・3～14

パウロの書いた手紙の中で、エフェソの手紙は最も霊的な手紙であると言っていいでしょう。当時のエフェソの教会は、黙示録に紹介されているような状態にはなっておらず、非常に霊的な教会で、キリスト者たちは日々恵みを受け、成長していました。パウロが、「ああ、物分かりの悪いガラテヤの人たち」（ガラテヤ3・1）と書き送ったガラテヤの教会とは対照的です。

またコリントの教会にも、「あなたがたに乳を飲ませて、固い食物は与えませんでした」（Ⅰコリント3・2）と言っています。赤ちゃんは肉を食べることができません。もし今日のクリスチャンが、いつまでもミルクを飲むだけで満足しているとしたら、神の深みを知ることはできないでしょう。私たちが霊的に成長できないと受け取れない恵みがあります。パウロは、物分かりが悪かったり、固い物を口にできなかったキリスト者たちに対して示せなかった奥義を、成長していたエフェソの教会に喜びをもって伝えたのです。それがこの手紙です。

あなたは天国に行けるという約束だけで満足していないでしょうか。もしそれが、クリスチャン生活のすべてであるとするならば、神の御心を無効にしています。クリスチャンが地上にいながらにして天国にいるような心地で生きること、それが私たちにもたらされる恵みであり、このエフェソの信徒への手紙はまさにそのこと、つまりこの地上に実現できる天的生活について語っているのです。

神は、私たちがそうなることを望んでいるのですから、ミルクを飲んでいることだけで満足しないでいただきたいと思います。

さて、みなさんはこの手紙を読むたびに、「キリストにあって」、「キリストにおいて」という言葉がよく出てくることに気づくはずです。

福音書を読めば、イエスが何をなさったのか知ることができます。しかし、イエスの表面的な働きしか注目されないのです。ご存じのように、病人や貧しい人を助けている行為に敬意を払い、イエスにならって生きようと思うのはクリスチャンばかりではありません。確かに、そのような働きをまねしていけば、一定の評価が得られるでしょう。しかし大事なのは、見えない内側にあるのです。この手紙は、「キリストにあって」との言葉を鍵にして、このことを語ろうとしています。それが真に、「キリストにならう生活」を実現する力となるからです。

エフェソの信徒への手紙は、はっきりと二つに分けられます。1章から3章までが私たちの持つべき土台、4章から6章がその結果を語っています。信仰も、建物のように土台が大切です。そこに上物が立つのですが、多くのクリスチャンは土台よりも結果に注目し、それを実行しようとする傾向があります。イエスのようになりたいと思い、愛によって歩み、汚れたことを避け、人々を愛し、仕えていこうとする人は多くいます。クリスチャンでない人たちも、そのような生き方を理想としようとします。しかし、そこには行き詰まりが生じるでしょう。土台がないからです。だからこそ、イエスのようになる基礎、1章から3章に書かれてあることを無視してはなりません。4章から6章が先ではなく、まず土台が必要です。それを見直す。それこそがケズィックの恵みです。そこで、イエスのようになるために、「イエスを知る」ことから始めなければならないのです。

「キリストにある」なら、どのような恵みが私たちに与えられるのかを知ることで、私たちが「キリストのように」生きることを可能とするのです。

そこで、パウロが言っていることに耳を傾けていきましょう。

「キリストにおいて、天のあらゆる霊的な祝福で満たしてくださいました」(3節)。

この言葉だけでも多くのことを学べます。私たちのいただく祝福は、物質的なものではなく、霊的なものです。

「何よりもまず、神の国と神の義を求めなさい。そうすれば、これらのものはみな加えて与えられる」(マタイ6・33)とあるのですから、私たちは「それをください」と言えばよいのです。「私には資格がある」

と主張する必要はありません。今日イエスを信じた人も、多くの年月仕えた人も同じように、「イエス・キリストの御名によって」神に近づくなら、キリストのように天上の祝福が私たちのものとなるのです。

「天地創造の前に、神はわたしたちを愛して、……キリストにおいてお選びになりました」(4節)。天地が造られる前から、あなたも私も神に覚えられ、そして名前はすでに命の書に記るされているのです。

時間的に見ていくとするなら、ヨハネ福音書にあるように、初めに言がありました。そして、このエフェソ書1章4節が次に来るだろうと思います。私たちは世界が造られる前から神にあって選ばれ、それから天地創造が始まっていきました。

でも、なぜ神は私たちを選んでくださったのでしょうか。天国に入ることができるようにするためではありません。にもかかわらず、教会ではそのことが強調されてしまいますが、中心的な目的は、この手紙に書かれているように、「聖なる者、汚れのない者」として歩むためではありませんか。この土台が失われているため、キリストのように生きることができなくなっているのです。

「イエス・キリストによって神の子にしようと、…お定めになった」(5節)。

パウロはこの事実を強調し、語っていますが、息子として生きるために、イエス・キリストによって前もって定めてくださっていたのです。これは父の意思を反映させて生きる息子を指しているわけで、家族のメンバーとして認められた息子、娘として生きることによって、初めて神の意思を反映させたキリストのように生きることができるのです。

「この御子において、その血によって贖われ、罪を赦されました」(7節)。

私たちは、御子にあって、神の豊かな恵みのゆえに、その血によって贖われ、罪を赦されたのですから、聖いキリストのように生きることができるようになります。

「キリストにおいて、真理の言葉、救いをもたらす福音を聞き、そして信じて、約束された聖霊で証印を押された」(13節)。そしてパウロはこう続けます。「この聖霊は、わたしたちが御国を受け継ぐための保証」(14節)であると。

この保証とは、たとえるならば、5000万円で買うものに対し、1000万円を前金で支払ったようなもの、それを得るために手付け金を払っている事実を示しています。当時のエフェソの教会は、まだキリストのようになっていなかったかも知れません。しかし、すでに得られることとして、聖霊がその保証として与えられたのです。クリスチャン一人一人がキリストのようになる、そのような日が、ある日実現していく、そのために手付け金のようにして、聖霊がその保証としてすでに支払われている。そのことを知るべきです。

地上において私たちは完全ではありません。しかし、神の前に立つ時、聖霊の保証のゆえに御前に立てるような聖さも与えられるのです。この約束があるからこそ、私たちはイエスのように歩めるのです。「神を深く知ることができるように」(17節)、「心の目を開いてくださるように」(18節)、そして「神の招きによってどのような希望が与えられているか、聖なる者たちの受け継ぐものがどれほど豊かな栄光に輝いているか悟らせてくださるように」(同)。あなたがたに知恵と啓示との霊を与えられたのだ、とパウロは言っているではありませんか。聖霊だけがすべてのことを明らかにし、悟らせることができになるのです。

皆さんは多くのことを学び、知ることができるかもしれません。しかし、聖霊の啓示を受けるなら、物事が違って見えてくるはずです。聖書を読むことは、まさに聖霊による啓示を受けることです。経験したことはありませんか。何度も読んでいた御言葉なのですが、ある時、新しい響きをもって私たちに迫ってくることがあります。それは聖霊の働きです。私たちに御心を明らかにし、神御自身のすばらしさを悟らせてくださる、その働きです。

聖書通読のために義務的に読んでいる人がいます。そうではなく、「読んで、神の御心を知ろうとする」。それこそが、まさに神の思いを実際に実現し、キリストのように生きていくことにつながるのです。

御言葉によって、どのようなことを悟らせてくださるのでしょうか。

パウロは、「神の招きによってどのような希望が与えられているか、聖なる者たちの受け継ぐものがどれほど豊かな栄光に輝いているか悟らせてくださるように」（18節）と言っています。

神があなたを召してくださった、それに伴う希望、それは聖なる者となるためです。私たちがそのことをはっきりと悟る時、私たちの世に対する態度が変わってくるはずです。あたかも、消毒をすませた執刀医が、汚れないように細心の注意を払って、手術台に向かっていくようにです。

神は完全に聖くされるために召してくださいました。では、召された者たちに、どんな豊かな望みを備えてくださったか知っているでしょうか。それは単に天国の望みだけではなく、私たちの内側に持たせてくださる豊さであることを覚えてください。

また、「絶大な働きをなさる神の力が、どれほど大きなものであるか、悟らせてくださるように」（19節）とあります。

神が神を信じる者にどんなにすばらしい御業を成してくださるか知っているでしょうか。

パウロが「神の絶大な力」として記しているのは、「キリストを死者の中から復活させ、天において御自分の右の座に着かせ」てくださった力です。この大きな力を、私たちは悟り、経験することができるようにされています。

復活というのは第二の創造であり、それはまさに新しい創造の御業で、初めの創造より大きな力ある御業だとパウロは語っています。そしてそれを悟ることにより、あなたがたがこの力を経験することができるようにと、執り成しています。

「あなたがたは、以前は自分の過ちと罪のために死んでいたのです」（2・1）。しかし、「キリスト・イエスによって共に復活させ、共に天の王座に着かせてくださいました」（6節）。私たちがキリストの復活の力にあずかり、そしてその復活の力が働いて、何が起こったのですか。私たちはイエスと共に天上の座に着かせられる。これは真理です。キリストを知っている私たちは引きあげられて、共に天上の座に着かせてくださる。感謝したいと思います。これこそが、天の父が備えてくださったものであり、キリストの力のなせる御業です。これが信じる者のうちに起こるのだと悟らせていただきましょう。

そのことによって、「神が前もって準備してくださった善い業のために、キリスト・イエスにおいて造られたからです。わたしたちは、その善い業を行って歩むのです」（8節）との御言葉が実現されていくのです。11節から22節には、あるゆる民族も、すべてキリストにおいて、十字架によって一つにされていくことが記され、さらに第3章では、キリストにあってすべてのものが一つにされるとの偉大なる奥義が示されています。それがまさに、クリスチャンの土台が造られることによって、実現されていくのです。

1章から3章には、二つの祈りがあります。1章17節から23節には、聖霊によって神を深く知ることができるようにとの祈り、3章14節から21節では、聖霊の力を求める祈りです。

キリストにある者は、聖霊によって神の深みを知らせていただき、そして聖霊の力を経験することができます。その上で、はじめて4章以降にあるキリスト者の生き方をすることができるようになるのです。

3章16節以降には、「どうか、御父が、その豊かな栄光に従い、その霊により、力をもってあなたがたの内なる人を強めて、信仰によってあなたがたの心の内にキリストを住まわせ」とあります。

私は友人や知人の家に泊めてもらう機会があります。どこに行っても親切にしてくれますが、もし、その家の人に、「台所やほかの部屋には絶対入らないでくださいね」とくぎを刺されたら、ちょっと窮屈な思いをします。しかし、「自分の家だと思って、どこでも自由に使ってください」と言われたら、楽しい交わりができます。

お分かりだと思います。キリストが住んでくださるとおっしゃっているのだから、私たちは、「どうぞ、どこにでもお入りください」と言うべきなのです。パウロは、心を明け渡すようにして、聖霊の力が自由に働くように、キリストを住まわせるようにと祈りました。

18節からは、「すべての聖なる者たちと共に、キリストの愛の広さ、長さ、高さ、深さがどれほどであるかを理解し」とあります。私たちが自分の力で理解しようとしても、神の愛を知り尽くすことはできません。しかし、聖霊の力によって、天国に行くまで経験することができないような、祝福にあずかれるようにと祈っています。

そして、「ついには、神の満ちあふれる豊かさのすべてにあずかり、それによって満たされるように」との祈りがささげられています。聖霊の力によって、私たちが求め、願うところのすべてを、はるかに超えてかなえてくださる方がおられるのです。

私たちがイエスを受けいれるなら、心のすべてにイエスを満たしてくださいと明け渡すなら、イエスが召してくださったのは聖くするためだと理解するならば、神は私たちの期待する以上に働いてくださいます。あなたがするのではなく、神御自身がしてくださることのです。これらの祈りを私たちの祈りとしていかなければなりません。


最後に申し上げなければなりません。このような神の満ちあふれる豊かさは、どのようにして私たちにもたらされるのですか。それが起こるのはただ一個所、イエス・キリストの十字架のもとだけです。

多くのクリスチャン、熱心だと言われるクリスチャンは、様々な奉仕にかけずり回って、恵まれているかのように忙しくしていますが、残念なことに、土台を忘れています。「イエス・キリストによって」、神がどんなことをしてくださっているのかを忘れています。イエスが流された血がどんなに尊いものであるのかを。

ある夫婦にはベンという息子がいました。当時9歳でしたが、ある日学校から、「ベンが交通事故に巻き込まれた」という電話がかかってきました。急いで現場に向かうと、まだ事故直後であったベンはそこに横たわっており、そして、その身体からは血が流れていました。母親はとっさにその血をベンの身体に戻そうとするのですが、もちろんできませんでした。間もなく、救急隊が来て、ベンの身体を運び入れましたが、道には血だまりが残っていました。そこに、事故を知らない車がその血だまりの上を通ったその瞬間、母親は叫んだのです。「その上を通らないで。その血は大事な息子の血なの！」。その時、母親は気付いたそうです。彼女は後日、こう言っています。「その時、私は、イエスの血潮が父なる神さまにとってどんなに尊いものだったのかを初めて知ることができました」と。

イエスの血が神にとってどんなに尊いものであったのか、私たちを聖なる者とする力がその血にはあるのです。私たちは聖なる者とされなければならない。そして、イエスによって、イエスのように歩ませていただきましょう。

（文責・土屋 和彦）

〈聖会Ⅱ〉

恐れることはない、今からあなたは

ルカ5・1～11

村上宣道

この個所は、ペテロやゼベダイの子ヤコブ、そしてヨハネたちの弟子としての召命の場面ですが、ここに次の四つのステージが描かれています。すなわち、①徒労と失意の現実、②その現実への御言葉によるチャレンジ、③そのチャレンジへの応答、④その応答に伴う主の御約束です。

この順に従ってご一緒に見てまいりましょう。

一、　徒労と失意の現実

1節、2節には、はっきりしたコントラストの場面が見られます。1節に、「群衆が神の言《ことば》を聞こうとして押し寄せてきた」とあり、そこにはすごいざわめきと熱気のようなものが感じられたはずです。一方、それには無関心であるかのように背を向けて、無言で網を洗っている漁師たちがそこにいます。それは夜通し働いたのに一匹の魚もとれずに、すっかり意気消沈して肩を落としてふさぎ込んでしまっている姿です。

5節をある私訳では、「夜通し骨折りましたが」としてますが、結果は骨折り損のくびれもうけでしかありませんでした。ただ収穫がなかったからというだけではなく、今までの経験までもが否定されてしまうような、プライドもへし折られて、言い知れない徒労感と挫折感へと彼らを追い込んでしまっていたのであろうことは容易に想像できる場面ではないでしょうか。

私たちもしばしば経験することではありますが、この記事はまず、どんなに一所懸命やっても、また過去の経験すら役に立たず、結果が必ずしも思うようについてこないで、徒労としかいいようのない現実に直面することがあるという認識の必要を示唆しているように思えるのです。

二、その現実への御言葉のチャレンジ

ある本にゴルフボールのことが書いてありました。ご承知のようにゴルフのボールというのは表面がでこぼこしていてへこみがあります（ディンプル）。もしこれがピンポン球のようにつるつるしていたら、どんなに強くまたうまく打ったとしても、決してあのように遠くまで飛ぶことはないのだそうです。実はあのへこみのでこぼこが風の抵抗にあって、羽のような役割をはたしてあのように遠くまで飛ぶのだということです。

私たちの人生にもしばしばへこんでしまうような出来事が多々あります。でも、より飛躍するためには、そのへこみも必要なプラス要因になるのだと受け止めたいものです。この漁師たちの場合はどうだったのでしょうか。

イエスは押し寄せている群衆から目を離して、空っぽの小舟と、そして力なく失意の重い心で網を洗っている漁師たちに目を留められたのでした。そして舟を出すようにと頼まれたのです。この舟はほんとうでしたら魚で一杯のはずでした。もし一杯でしたら用いられることはなかったでしょう。イエスはその小舟に乗って群衆に語られたわけですが、失意の象徴とも思われる空の小舟を神の言葉の御用に用いられたということなのです。

7節を見ますと、後でこの舟は沈みそうになるほどの魚で一杯になったとあります。時に失意は必要でさえありますが、イエスというお方は決してそのままにしておかれる方ではなく、それを生かして用いてくださるすばらしい方であることが分かります。そしてそれは「沖へこぎ出し、網をおろして漁をしてみなさい」という神の言葉の発動によって始まるのです。徒労と見える現実に神の言葉が切り込んできてくださったのです。このペテロをはじめとする漁師への御言葉のチャレンジは、まさに再生、回復、希望へのチャレンジでありました。

5節の、「夜通し働いたが」というのは、魚は夜のほうがとれるということではありましょうが、収穫のなかった夜というのは、心の中の先が見えない闇や暗さを象徴するようでもあります。でも創世のはじめから「夕あり、朝あり」とあるように夜があって朝はくるのです。〝朝顔にとっては、夜の暗さと冷たさは、よりきれいに咲くために必要〟というのを読んだことがありますが、ときに失意と挫折の夜は必要なのかもしれません。

三、そのチャレンジへの応答（決断）

イエスのチャレンジは4節、「沖へこぎ出し、網をおろして漁をしなさい」でした。それに対して彼らは、「お言葉ですから」と応答したのでした。

この応答はまず第一に、彼らの自己放棄の決断を意味しています。彼らは言おうとおもえば、疲れているのに、いま網を洗ったばかりなのに、夜とれないのに昼やったって、私たち専門家がやってもだめだったのに、とかいくらでも主張できたでしょうに、その自己主張することを放棄して従う決断をしたということです。

第二に、これは発想の転換を促すチャレンジへの応答でした。D・ボッシュの『宣教のパラダイムの転換』（東京ミッション研究所、新教出版社）という本の中で、「宣教のパラダイムの転換というのは、教会の危機的な状況におかれていると認識するところから生まれてくる」ということが強調されています。

弟子たちにとってまさに危機的な状況の中で迫られた決断でした。いま日本の教会を見渡すときどうなのでしょうか。危機的な閉塞状態にあると言われて久しいようですが、それをどの程度認識しているか、そしてそれをどう好機へと転換させることができるか、今までだめだったら、今こそ方向を変えて沖へこぎ出す決断に踏み切るべきときなのかもしれません。

第三に、これは深みに漕ぎ出すようにとのチャレンジに対する応答でした。それは単にやり方や方策を変えるということだけではなく、新改訳にあるように、「深みに漕ぎ出して」ということです。私自身としても、今、求められているのは、そして欠けているのは、「深み」だなと思わされています。今さら間に合わない年令ではありますが、伝道者50年以上のキャリヤがありながら、何と深みのないうすっぺらな、中味の乏しい伝道者だろうかとつくづく思わされ、一番の問題はそのうすっぺらさの認識の足りなさにあるのかなと思わされる昨今です。あの「沖へいでよ」という賛美があるように、お互いもっと沖へ、深みへ、漕ぎ出させていただきたいものです

第四に、この応答は御言葉に従って実際に行動する決断でありました。今まではどうであろうと、自分がどう思おうと、またとえ結果がどうであろうと、実際に行動しなければ何も起こらないわけですから、とにかく「お言葉ですから」とお言葉に従う決断に踏み切ったのでした。結果はどうだったのでしょう。6節には、「そのとおりにしたところ、おびただしい魚の群れがはいって、網が破れそうになった」というのです。まさに常識破りの大漁となったのです。神のお言葉の挑戦に聞き従ったとき、人間的な常識や経験や理屈をくつがえす驚きの御業が起こったのです。

それはやがての前ぶれではなかったでしょうか。ペンテコステのときには、ペテロの説教でなんと三千人もの人々が一度に救われるという出来事が起こったのでした。だからゴルビィツアーという人は、「教会はイースターの後でもなく、ペンテコステとともに始まったのですらなく、このルカ5章1～11節とともに生起するのである」とさえ言っているほどの出来事でした。

四、応答（決断）に伴う主のお約束

この出来事はペテロを砕いてしまいました。8節に、「ひれ伏した」とありますが、このような驚くべきことをなさる偉大なお方の前に、なんと自分は傲慢な、不信仰な、罪深い者であったかと、ここで自己崩壊が起きたのでした。

実はイエスが、「網をおろして」と言われたときの「網」は原語では複数になっているのです。でも実際におろした網には単数が使われています。ペテロの気持ちとしては、こっちはプロで一晩中やってもだめだったんだから、どうせ無駄でしょうけど、ま、おっしゃるから、とりあえず一つだけでもおろしてみましょうか、といったところだったのでしょう。ところが網が破れそうになるほどの大漁です。「ああ、ごめんなさい。イエスさまをみくびっていました。自分の経験の方が勝っているぐらいに思っていました。ゆるしてください」、とばかりひれ伏したのでした。5節ではイエスを、「先生」と言っていましたが、8節では「主よ」と呼んでいます。イエスを「主」と認めずにはおられなかったのでしょう。

そのペテロに対して主は10節に、「恐れることはない、今からあなたは人間をとる漁師になるのだ」と言われました。「今から」はルカが好む表現で5回ほど用いられていて、新しい事の始まりを宣言する意味での、「今から」です。徒労の現実の中にあっても、そこに語りかけてくださる主の御言葉に、不十分でありながらも従って行動しようとするとき、今まではどうであれ、「今から」、「今から後」（新共同訳）、「これから後」（新改訳）は新しく造り変えてくださるというのです。ここの、「人間をとる」はゾーグレオーで、「生かす」と「とらえる」の合成語で、「人を生かす人にする」を意味すると言われます。ペテロをはじめ他の弟子たちも実際に多くの人を生かす人として神に用いられたのでした。

ペテロはその後もすべて順調にいったわけではなく、苦い経験もし、もうだめだと思うようなところも通ったのでしたが、憐み深い主は忍耐深く彼を取り扱い、御約束通りに多くの人を生かす器に仕上げてくださったのでした。主は復活後にペテロに現れ、再び大漁を与えたのち、失敗にうちひしがれていたペテロに、「わたしを愛するか」と呼びかけ私の羊を飼うようにと命ぜられたのでした。

戦時中、牧師であった父は弾圧を受けて捕えられ、教会は閉鎖、牧師職を剥奪されて追放、止む無く軍需工場で働くことになり、戦後になってもいろいろな事情が重なって、もう牧師には復帰できないというところまで落ち込んでおりました。そんな中、ある集会で、「私を愛するか」、「あなたは私に従って来なさい」という自分の召命の時の御言葉に接し、父は私の隣で嗚咽し、「主よ従います」

と涙ながらに祈っていた姿を忘れることができません。そこから主は父を再起させ、この私もその年に献身し、今日に至らせていただきました。主の御愛と御約束はまことに真実です。

ペテロはやがてペンテコステにおいて聖霊の満たしを受け、救霊における大漁の御業を拝するにいたったのでした。イエスが地上を去って行かれるときにはまだ頼りない状態の他の弟子たちも、主が約束されたように聖霊が彼らに臨んだとき、別人のようになって地の果てまで主の証し人となりました。

アメリカの教会学校の歌に、I will make you fishers of men …… if you follow me というのがあります。I will make you,「あなたを造り変えてあげる」と主はおっしゃるのです。If you follow me,「もしあなたが私に従ってくるなら」、ということですね。

今晩、従ってまいりましょう。今までどんな失敗があったとしても、「恐れることはない」のです。「今から後あなたは」主によって造り変えられて、主のお役に立つ人に仕上げていただくことができるのです。信じようではありませんか。

〈聖会Ⅲ〉

クリスチャン生活の成熟

ロバート・カンビル

エペソ6・10〜20

箱根のケズィックでの最後の集会となりました。しかし、キリストにある歩みの第一歩でもあるのです。エペソ書全体を二回でお話しするのは、不可能に近いと言えますが、今回は4章から6章までを学びたいのです。前回、キリスト者の生活の土台について話しました。

4章1節でパウロは、「さて、……わたしは」と言っています。これだけの土台があるから、と言うのです。1章から3章までに、命令は何もありませんでした。4章になるとパウロは命じるのです。「その召しにふさわしく」歩めと言います。2節に、「できる限り謙虚で、かつ柔和であり」と言われています。パウロによれば、キリストにある最初の実は、「謙遜」です。キリスト者の生活には、大事な三つの秘訣があります。第一が謙遜、第二も謙遜、第三も謙遜です。それこそが、キリスト者の歩みの出発点なのです。

イエスは、この世界で多くのことをなさいました。けれども、マタイ11章29節で、「わたしのくびきを負うて、わたしに学びなさい」と言われました。祈りを学ぶのでしょうか。奇跡を行う方法でしょうか。貧しい人々の養い方でしょうか。そうではありません。「わたしは柔和で心のへりくだった者であるから」と言われたのです。主が学んでほしいと思われることは、二つだけです。謙遜と柔和です。どうして、こう言われたのでしょうか。私たちの中に、多くの高慢とかたくなさがあるからです。私たちがキリスト者であることは、伝道や癒しや説教や聖書の教え社会活動ではなく、私たちの個人的な在り方、謙虚で柔和な態度によって、証しされるのです。

「愛をもって互いに忍びあい」と2節に言われていますが、この世に完全な人はいません。イエスが来られるまでは、不完全です。3節には、「平和のきずなで結ばれて、聖霊による一致を守り続けるように努めなさい」と勧められています。一致は、パウロの大事なテーマの一つです。教会に誤解が生じるとき、死が入り込み、崩壊していくのです。私たちのからだは、何億という小さなちりで造られています。それがみな有機的に結びついているのです。それがどこかで壊されると、一つになるよう働くのです。

骨折のあと、だれも二つの骨を一つにすることはできません。医者はギブスをはめますが、骨を一つにすることはできません。それができるのは、神だけです。からだ全体のシステムが、一致へと働くのです。12節でもパウロは、「それは、聖徒たちをととのえて奉仕のわざをさせ、キリストのからだを建てさせ」と、また3節では、「聖霊による一致を守り続けるように」と言っています。どのようにして、教会に一致があると言えるでしょうか。「平和のきずなで結ばれて」というところに鍵があるのです。「からだは一つ、御霊も一つ、……主は一つ、信仰は一つ、バプテスマは一つ」なのです。

それから、パウロは賜物について語ります。超自然的な賜物なしに、キリストのからだを建て上げることはできません。「キリストから賜わる賜物のはかりに従って、わたしたちひとりびとりに、恵みが与えられている」のです（4・7）。そして、8節にイエスの昇天について記されています。「彼は高いところに上った時、とりこを捕らえて引き行き、人々に賜物を分け与えた」。

これからお話しすることには、異論があるかもしれません。イエスが死なれたとき、地の底まで下られました。三日三晩そこにおられたのです。そこにパラダイスがあったのです。強盗に、「あなたはきょう、わたしと一緒にパラダイスにいるであろう」と言われたからです。その後、主はアリマタヤのヨセフの墓から、甦らされました。そして40日間地上を歩み、多くの人たちに、御自身を現わし、天に昇られました。その時、主は地の底に捕らわれてパラダイスにいた人たちを、第三の天にまで、引き上げられたのです。

今、第三の天にパラダイスがあるのは、どうして分かるのでしょうか。コリント人への第二の手紙12章2節で、パウロは、「わたしはキリストにあるひとりの人を知っている。この人は一四年前に第三の天にまで引き上げられた —— それが、からだのままであったか、わたしは知らない。からだを離れてであったか、それも知らない。神がご存じである」と言っています。それで今日、私たちが死ぬとき、ダビデやモーセのように、地の底に下るのではなく、イエス・キリストの甦りのゆえに、天に引き上げられるのです。９節に、「地下の低い底にも降りておられた」とあります。なぜかというと、そこにパラダイスがあったからです。ラザロと金持ちのたとえの中で、そのことが語られています。互いに見ることができました。理解しにくいことですが、主の甦りの前、パラダイスは地獄の横にあったのです。地獄の隣にあったのです。

パウロは、イエスが天に昇られたとき、教会に賜物を与えられたというのです。きれいな会堂、パイプオルガンではなく、人々をくださったのです。「ある人を使徒とし、ある人を預言者とし、ある人を伝道者とし、ある人を牧師、教師として、お立てに」なったのです（11節）。「それは、聖徒たちをととのえて奉仕のわざをさせ、キリストのからだを建てさせ」るためでした（12節）。聖徒たち、つまり、普通のメンバーの人たち一人一人が教会を建て上げるのです。

賜物を与えられる理由は何でしょうか。ここで使徒と言われているのは、十二使徒のことだけではありません。使徒行伝を見ますと、パウロもバルナバも使徒と呼ばれています。今日も多くの使徒たちが教会にいます。

第二は預言者です。教会の問題を診断できる力を与えられている人です。

良い医者は問題を見極めて適切な治療を行うよう診断します。時には、がんを摘出して直します。

預言者は教会で人気がありません。教会の中にひそむ罪を診察するからです。旧約時代も今日も同様です。

三番目は、伝道の賜物です。まだ聞いたことのない人のところに出て行って、福音を語る賜物です。個人伝道や大衆伝道の働きを行います。

四つ目は牧師です。羊の世話をします。傷ついていたり、水や食物、あるいは養われることを必要としていたりするような場合に、お世話をするのです。イエスも牧会者であられました。何人の牧師でしたか。十二人です。あなたの教会は小さいかもしれません。七人かも十一人かもしれません。でもあなたは、神の任命を受けた牧師なのです。

五つ目に教師の賜物です。ラム先生のように、複雑な教えを分かりやすく説き明かす賜物です。これらはみな、キリストのからだを建て上げるために与えられた賜物なのです。「わたしたちすべての者が、神の子を信じる信仰の一致」に到達するためです（13節）。なぜ、霊の一致が大切なのでしょうか。それは、私たちが成長し、「全き人となり、ついに、キリストの満ちみちた徳の高さにまで至る」ためなのです（13節）。

私はインド人として恥ずかしい思いをすることがあります。世界中の人が、マハトマ・ガンジーを尊敬しています。彼はどこへ行くときも、聖書を携えていたことをご存知でしょうか。ある友人が尋ねました。「あなたは、どこへ行くにも聖書を持っていきますが、どうしてクリスチャンにならないのですか」。彼は、答えました。「イエスのように生きているクリスチャンを見せてくれたら、クリスチャンになりますよ」。これは大きなチャレンジではないでしょうか。イエスのようにクリスチャンが生きるなら、多くの日本人がキリストを受け入れるのではないでしょうか。

15節に、「愛にあって真理を語り、あらゆる点において成長し」とありますが、ここにバランスを見ます。どんなふうにでも真理を語ればいいというのでなく、「愛にあって真理を語る」のです。愛にあって語ることができないなら、黙っていることです。このように語るとき、「全身はすべての節々の助けにより、しっかりと組み合わされ」ていくのです（16節）。節々は交わりを意味しています。手にはいくつの関節があるでしょうか。肩にも、肘にも、手首にも関節があり、指の一本一本にも、それぞれ三つずつ関節があります。それらの節々の働きによってからだを共に働かせることができるのです。腕を振るうことができるのは、節々の機能によるのです。神の家族のうちの交わりが肝心なのです。日本の教会は小さいかもしれませんが、周りにいるイエスを知らない人々が、教会の交わりを見るとき、そこに引き寄せられてくるのです。

17節で、パウロは言っています。「わたしは主にあっておごそかに勧める。あなたがたは今後、異邦人がむなしい心で歩いているように歩いてはならない。彼らの知力は暗くなり、その内なる無知と心の硬化とにより、神のいのちから遠く離れ」ているが、「しかし、あなたがたはそのようにキリストに学んだのではなかった」（20節）と。

ですからクリスチャンは、そして指導者たちは、「古き人を脱ぎ捨て、心の深みまで新たにされ」(22、23節)、「怒ることがあっても、……憤ったままで、日が暮れるようであってはならない」(26節)。「盗んではならない」(28節)。「悪い言葉をいっさい、……口からだしてはいけない」(29節)。多くの指導者たちが、主に仕えていると言いながら、実は、お金に仕えています。内側から聖めていただくことが必要なのです。

さらにパウロは恐るべきことを語るのです。「神の聖霊を悲しませてはいけない。あなたがたは、あがないの日のために、聖霊の証印を受けたのである。すべての無慈悲、憤り、怒り、騒ぎ、そしり、また、いっさいの悪意を捨て去りなさい」(30、31節)と。それは、私たちの生活の中に、苦々しいものがまったくなくなるということです。噂話も、悪口、怒り、憎しみもなくなることです。「互いに情深く、あわれみ深い者となり、神がキリストにあってあなたがたをゆるしてくださったように、あなたがたも互いにゆるし合いなさい」(32節)。

5章1節、「神に愛されている子供として、神にならう者になりなさい」。2節、「愛のうちを歩きなさい」。16節ですが、私たちの時はほんとに短いから、そして、「今は悪い時代」だから、「今の時を生かして用いなさい」。18節、「酒に酔ってはいけない」。ウイスキーもワインもビールも飲みません。関係ありません、と言うかもしれませんが、それで終わりではないのです。「むしろ御霊に満たされなさい。これは、継続を表す言葉です。「御霊に満たされ続けなさい」ということです。一生のうちに一回あったということではありません。朝満たされ、夜満たされ、満たされ続けていくということです。酒に酔うことが、重大な問題であるとするなら、聖霊に満たされていないということも、同じくらい重大な問題なのだとパウロは言うのです。神さまに祈りましょう。聖霊に満たされ続けるように。聖霊に満たされるときに、私たちは、「詩とさんびと霊の歌とをもって語り合い、主にむかって心からさんびの歌をうたい……すべてのことにつき、いつも、わたしたちの主イエス・キリストの御名によって、父なる神に感謝」(19、20節)するようになるのです。

また、ここで、教会を建て上げることが語られています。5章21節、「キリストに対する恐れの心をもって、互いに仕え合うべきである」。22節、「妻たる者よ。主に仕えるように自分の夫に仕えなさい」。ここで、私たちはみな、自分の守備範囲を与えられていると、パウロは言っています。夫も、妻も、子どもも自分の責任範囲があるのです。パウロは、夫は妻のかしらだと言いました。「これをしろ。あれをしろ」ということではないのです。どういう意味でしょうか。手を怪我しますと、頭は感じるでしょう。どうにかしようと思うのです。夫は妻の痛みに敏感であるべきだというのです。気持ちが沈んでいるかもしれません。夫はそれを感じるべきです。それは、キリストと教会との間にある麗しい関係なのです。願っている家庭の姿になるのに、20年、30年かかるかもしれません。6章には子どもと親との関係が書かれています。

そして、6章10節から悪魔との戦いが記されています。「わたしたちの戦いは、血肉にたいするものではない」(13節)。これまでのご奉仕の中でいろいろな経験をしました。悪魔と戦うとき、一つのことが大事です。人と戦うのを止めることです。なぜ多くの人は悪魔と戦うことができないのでしょうか。お互いが争うのに忙しいからです。パウロは言います。「真理の帯」を身に着けなさい。完全な真実です。なんの偽善もありません。うそがないということです。二つ目は、「正義の胸当て」です。イエスが着せてくださった正義です。三番目は、「平和の福音の備えを足にはく」ということです。私たちが、福音を語るとき、悪魔に勝つのです。四つ目は、「信仰のたて」です。五番目は、「救いのかぶと」です。六番目は、「御霊の剣」です。そして何よりも「絶えず祈りと願いをし、どんな時でも御霊によって祈り」なさい。「すべての聖徒のために祈りつづけなさい」。「また、わたしが口を開くときに語るべき言葉を賜わり、大胆に福音の奥義を明らかに示しうるように、わたしのためにも祈ってほしい」。どうぞ注意深くこの手紙を読んでください。

まず、土台が何であるかを知り、その土台のゆえに、私たちは、主イエスのために生きるのです。心にある一つのお話をして終わりたいと思います。

私は時が良くても悪くても福音を語りたいと思っています。神学校に行ったからでも、ビリー・グラハムと働いているからでもなく、イエス・キリストの福音を語りたくてたまらないのです。エペソ人への手紙の中に、イエス・キリストの復活の力がどんなに大きいかが書かれているからです。キリストがカルバリで流してくださった血潮がどんなに力があるかを知ったからです。聖書のいたるところに十字架のことが書かれているのは、驚くべきことではないでしょうか。キリストの死と血潮を覚えるようにと、聖書は繰り返し語っているのです。それこそが、福音の力です。

私はある時、イギリスでお話をしなければならなくて、忙しく疲れていたので、ニューデリーの空港から7時間かかる飛行機の中で目隠しをして寝ようとしていました。朝の2時に出たのです。横にはかっぷくのいい三人のイギリス人が坐っていました。ところが、彼らはウィスキーやビールを注文し、飲んで大声を出すのです。これから説教に行く私は怒りをあらわにすることができません。彼らは空き瓶を私のテーブルに置くのです。いらいらしましたが、寝ようとつとめました。ロンドンに着く前に機長が朝食を告げました。私は目隠しを取りましたが、皆が私を見てました。客室乗務員を呼びますと、申し訳なさそうな顔をしてました。ボトルを片付けてくれたので、聖書を取り出して読みました。一番飲んで騒いでいた隣の紳士が、「あんた聖書読んでるんだ。何読んでるのか」と話しかけました。「十字架で血潮を流してくださったイエスさまのことを読んでいる」と答えますと、驚いたことに彼は私にしがみつき、泣き始めて言ったのです。「私はクリスチャンです。18か月砂漠で仕事をしていました。神さまに罪を犯してしまいました。妻を裏切りました」。

私は、「イエスさまを心にお迎えしますか」と勧めると、彼は、「はい」と言いました。「私と祈りますか」と言うと、「はい」と答えました。こうして空の上で、罪の告白の祈りをささげたのです。彼は、もう一度イエスさまを心にお迎えしたのです。私が説教者だと知ると、友人と四人で、「荒野を旅する弱きわが身を」という賛美を歌い始めたのです。飛行機を降りるときには抱き合って分かれました。彼は言いました。「私の家内はイギリス・メソジスト教会の全体の婦人会長なのです。こころ聖められて、妻のところに帰ることができて嬉しい」と。

それこそが、神が私たちに与えてくださった力です。どうぞ恐れないでください。だれに会っても主イエスのことを証ししてください、カルバリの丘で血潮を流してくださった方を。何か私たちの理解を越えた御業が起こるのです。この真理の言葉を携えて、世の中に出て行きなさい。私たちは、イエス・キリストの血によって聖められるのです。

（文責・岩井　清）

〈早天聖会Ⅰ〉

神の言葉に生きる人

本間　義信

ルカ11・27〜28

マタイによる福音書19章で、金持ちの青年が主イエスに近寄って語りかけました。「先生、永遠の命を得るには、どんな善いことをすればよいでしょうか」。すると主イエスは、「もし命を得たいのなら掟を守りなさい」と言われました。そして、「殺すな、姦淫するな、盗むな、偽証するな、父母を敬え、また、隣人を自分のように愛しなさい」と言葉を続けられました。すると青年は、「そういうことはみな守ってきました。まだ何か欠けているでしょうか」と尋ねます。主は、「もし完全になりたいのなら、行って持ち物を売り払い、貧しい人々に施しなさい。そうすれば、天に富を積むことになる。それから、わたしに従いなさい」とお招きになられたのです。しかし青年は、悲しみながら立ち去りました。彼は親から沢山の財産を相続していたのです。

この物語は、この青年が一体何を本当に信じて生きて来たのか、ということを、主イエスとの対話の中で初めて気付かせられたことを伝えています。彼は親譲りの沢山の財産に完全に寄りかかって、すっかり安心して生活を営んでいたのです。本人は、自分がその財産に完全に寄りかかっていることに全く気付いていないのです。全てを売り払って貧民に施し、私に従いなさい、と主イエスはお命じになりました。そして主に信頼してついて来るように言われたのです。彼は、自分が寄り頼んでいた財産を整理仕切れず、悲しみながら立ち去ったのです。

私たちの心の皮をめくった時、私たちが現時点で、本当に頼みにしているものは何でしょうか。私の夢、私の誇り、名誉、私の顔、面子、私の立場、私の経歴、私の思想。そうした類いのものに私の人生がかかっていると気付かせられた時、主の御前で、私の信仰は揺さぶられるのです。気の合わない人がいることで、教会の交わりから脱落する人が発生するのが、私たちの現実であります。

神の独り子が、人間の一切の罪の身代わりとなって、十字架上でその命を犠牲にされました。その御業を信じてその恵みにすがる時、自分の力では処理することのできない私の罪が、十字架上のキリストの身代わりによって取り除かれ、罪を赦され、その罪の力から自由にされるのです。この信仰によって人は生まれ変わって新しくされ、神の子としていただけるのです。これがキリストの福音であります。

主イエスが十字架にお架かりになられた時、二人の犯罪人が十字架の左右に同じようにつけられました。

一人の犯罪人は叫びました。「お前はメシアではないか。自分自身と我々を救ってみろ」。しかし、もう一人の犯罪人は彼をたしなめて、「この方は何も悪いことをしていない」と言い、「イエスよ、あなたの御国においでになるときには、わたしを思い出してください」と言ったのです。すると主イエスは、「はっきり言っておくが、あなたは今日わたしと一緒に楽園にいる」と約束されました。これは一方的な恵みであって、人間の功績ではありません。

「イエスがこれらのことを話しておられると、ある女が群衆の中から声高らかに言った。『なんと幸いなことでしょう。あなたを宿した胎、あなたが吸った乳房は』。しかしイエスは言われた。『むしろ、幸いなのは神の言葉を聞き、それを守る人である』」（ルカ11・27〜28）と。

今朝の御言葉は、主イエスのお話を聞いて感動した女性についての主の御評価であって、事柄の捉え方、人物の見方について教え諭された場面を描写しています。

「素敵なあなたを産んだ、あなたのお母さんは、何て幸せなんでしょう」と叫ぶ声を聞かれて主イエスは、「むしろ、幸いなのは神の言葉を聞き、それを守る人である」と教え諭されたのです。これは、神の御言葉に信じ従う人は、私の母や私の肉の兄弟に限定されず幸せだ、と表現されたのであります。

同じルカによる福音書8章21節において主イエスは、「わたしの母、わたしの兄弟とは、神の言葉を聞いて行う人たちのことである」と話しておられます。

これは、主イエスの御言葉に信じ従う人は誰でも、母マリアと同じ立場になれるし、主イエスの兄弟になれるということを告げています。血の繋がり、肉親関係は限定されるけれども、神の御子イエスに信じ従う人は誰でも、主の母マリア、主の兄弟たちと同じ関係に立てるということであります。この特権は、信仰によって世界大に、無限に広がるのです。

ヘブライ人への手紙2章11節には、「事実、人を聖なる者となさる方も、聖なる者とされる人たちも、すべて一つの源から出ているのです。それで、イエスは彼らを兄弟と呼ぶことを恥としない」と記されています。

私たちは、この恵みの豊かさの中に生かされているのです。「幸いなのは、それを守る人である」とありますが、「守る」とは、原典では、「ヒュウラッソウ」(守るの意)と言う言葉が用いられています。それは形式的に守ることではなく、心から従うこと、神の言葉の真意をしっかり受け止めて、それに生きることを指しています。

一、宗教改革者マルチン・ルターの経験

ある時、悪魔が両手に大きな巻物を抱えてルターの所にやって来ました。その巻物の両面には何かぎっしり書いてありました。「これは何だ?」と尋ねると悪魔は、「お前の罪の記録だ」と答えました。

調べて見ると、実際行った罪の記録で、彼自身が忘れてしまったようなものまで記録されていました。さらに悪魔は、「まだ別のがある」と第二の巻物を持って来ました。「まだある」と言って第三の巻物まで持ち出して来たのです。ルターは調べて見て一つとして否定できませんでした。ルターは静かに自分の机に近づき、ペンを取り、一つ一つの巻物に、「御子イエスの血によってあらゆる罪から清められます」、とヨハネの手紙一1章7節の御言葉を書き記しました。悪魔は地団駄踏んで口惜しがりましたが、その場から消える外に道がありませんでした。キリストの救いの力です。

二、宇宙ロケット・アポロ13号の体験

アメリカの宇宙計画が進んでいた時、アポロ13号が打ち上げられました。アメリカによる月着陸船になるはずでした。ところが打ち上げ時の事故によって、水のタンクが爆発してしまったのです。そのために、宇宙ロケットの宇宙活動は予定通りできなくなりました。

月の引力圏に入った後に、月の裏側を回って出て来た時、低い確率ではありますがロケットのエンジンを噴射して地球に戻ることができます。宇宙センターも宇宙ロケットの乗組員もこの低い確率に賭けることになりました。地上の操作をする人々も、アメリカの国会上院も、事情を知らされた諸教会も、そして三人の乗組員たちも神に祈って助けを求めました。そしてその企てが成功し、分離した宇宙船で三人の宇宙飛行士たちは地上に無事帰還したのです。信仰による祈りの力です。

三、神により生かされ、用いられる信仰者の体験

しばらく前、日本に渡辺善太《ぜんだ》という聖書学者、神学者がおられました。聖書学体系論の構想の下に、聖書正典論、聖書解釈論、聖書神学論を書き上げ、出版されました。モーセ五書緒論やイスラエル民族史、イスラエル文学史等も出しておられます。日本の生んだ偉大な聖書学者、神学者です。

私は晩年の善太師に親しく指導を受けました。日本ホーリネス教団の小林和夫先生、斎藤孝志先生は当時の仲間です。

善太師は伊豆下田の下賀茂の生まれで、小学生の時から驚くべき読書力と理解力を備えていました。当初、医者を志して独協中学に進まれたが、三年生の時、禁止されていたタバコを吸ったため無期停学になりました。再び学校に戻らずそのまま不良生活に入りました。

1904年（明治37）11月5日、二日酔いで床の中にいたところ、親友の高橋範造に叩き起こされ、神田淡路町の福音伝道館に連れて行かれました。この体験によって彼の生活は一八〇度の方向転換をさせられたのです。

彼はキリストの福音に生きる者となり、過去と決別して信仰の道に進みました。伝道館において回

心体験をし、ホーリネスの信仰経験を歩む者となりました。

明治学院神学部に学び、中退し、やがてアメリカに留学して近代的聖書批評学を学び、伝統的、保守的聖書観との関係をどう調和させるかが課題となりました。さらにドイツに留学し、フッサールの現象学から神学的体系化の大きなヒントを得て帰国されました。

帰国後は、青山学院神学部教授、日本基督教女子神学専門学校々長を歴任され、さらに立教大学院博士課程教授、関東学院大学神学部教授となり、正典論的聖書論を講義されました。83才で引退されました。

引退後、教職者60名から70名近くを奥多摩福音の家に集め、「善太セミナー」が開催されました。講義の中で善太師は突然、突っ伏して号泣されたのです。「こんなロクでもない者を、神は救って、生かしてくださった」と漏らしておられたのが印象的です。

裏切ったペトロを再び召して生かし用い、敵対して荒れ狂ったパウロを捕えて生かしたのはキリストの恵みの力であります。

善太師の晩年の和歌（もしかしたら狂歌かもしれない）に、その信仰が表れています。

俺こそが俺こそがとて暮らしけり
その「俺こそが無なり」と知るまで

オレが一番に成る。オレこそ必ずトップになるぞ、と競っていた。しかし主の御心はそこには無かった。

神が「行け」と仰せられる所に行き、神が「成せ」と仰せられるままを成し、神がそこに「はまれ」と仰せられる所に「はまり」切る時、主は御自身の御旨を発動なさるのであります。

私たち一人一人のためにも、「俺こそが俺こそがと生きる」所から、主の仰せのままに、「そこにはまれ」と言われる所にはまってお従いする時、はじめて主の御心が現われるのです。

「しかし、イエスは言われた。『むしろ、幸いなのは神の言葉を聞き、それを守る人である』」。

（ルカ11・28）

〈早天聖会Ⅱ〉

御子とともに与えられる神の恵み

岩井　清

ローマ7・24～25、8・32

ここでのご奉仕を依頼されたとき、栄誉と思い、直ちに（安易に）お受けしましたが、改めて準備のお祈りをしているとき、名誉心を示され、悔い改めました。その後、一つの賛美歌が心に浮かびました。アメージング・グレースを作詞したジョン・ニュートンの作で、礼拝のすばらしい賛美歌（讃美歌56番）です。「贖い主に　よりて祈れば　み慈しみの　み顔を向けて　罪咎ゆるし　安きをたまえ」と2節に歌われています。罪咎が赦され、平安が与えられたのです。

同時に、ヘブル人への手紙も心に浮かんでまいりました。「私たちの大祭司は、私たちの弱さに同情できない方ではありません。罪は犯されませんでしたが、すべての点で、私たちと同じように、試みに会われたのです。ですから、私たちは、あわれみを受け、また恵みをいただいて、おりにかなった助けを受けるために、大胆に恵みの御座に近づこうではありませんか」（4・15～16）。

普通の大祭司は、羊や牛の血をささげたのですが、「私たちの大祭司」は、御自身の血潮をささげてくださり、罪咎を赦して平安をくださったのみか、私たちの弱さ、誘惑、試練もすべてご存知で私たちのために執り成していてくださるのです。ですから、「おりにかなった助けを受けるために、大胆に恵みの御座に」来るようにと招いてくださり、感謝しました。

聖書の中に、中風の人を四人の友人がかついで、普通では考えられないほどのこと、屋根に穴をあけて、つりおろすほど大胆な近づきかたで、主のみもとに来たことが記されております。主は一目見て、「子よ、心安かれ、汝の罪ゆるされたり」（マタイ9・2、文語訳）とおっしゃいました。

さきほど、ローマ8章32節が読まれました。「私たちすべてのために、ご自身の御子をさえ惜しまずに死に渡された方が、どうして、御子といっしょにすべてのものを、私たちに恵んでくださらないことがありましょう」。その「すべてのもの」には霊的祝福も含まれているのではないでしょうか。

一、罪の赦しの恵み

その祝福の一つに、罪の赦しの恵みがあります。御子は、その恵みを携えて来てくださいました。その権威を証明なさるために、「起きよ、床をとりて汝の家にかへれ」と言ってくださったのです。第一ヨハネにも、「もし、私たちが自分の罪を言い表すなら、神は真実で正しい方ですから、その罪を赦し、すべての悪から、私たちをきよめてくださいます」（1・9）と約束されています。その後で、この手紙を書いたのは、「あなたがたが、罪を犯さないようになるためです」とヨハネは言いましたが、「もし罪を犯すことがあれば」、「弁護する方」がおられる、それは「義なるイエス・キリスト」であられ、「世全体のための、なだめの供え物」なのですと続けております。

先ほどは、パウロの苦しみがもろに伝わってくるようなローマ7章も読んでいただきました。8章は驚くべき勝利の章です。「罪に定めようとするのはだれですか。死んでくださった方、いや、よみがえられた方であるキリスト・イエスが、神の右の座に着き、私たちのためにとりなしていてくださるのです。私たちをキリストの愛から引き離すのはだれですか」という個所もありますが、先ほどの「私たちすべてのために、ご自分の御子をさえ惜しまずに死に渡された方が、どうして、御子といっしょにすべてのものを、私たちに恵んでくださらないことがありましょう」という8章の勝利が、7章の惨めさとペアで与えられているのです。

これは聖書的ペアだと思います。「こんな罪人の私をあわれんでください」と胸をたたいて祈った取税人は神に、「義と認められて」家に帰ることができました。旧約聖書にも、「わたしは、高く聖なる所に住み、心砕かれて、へりくだった人とともに住む」と言われています（イザヤ書57・15）。不思議なペアです。

ジョージ・ミュラーはこう言ってます。「だれも、自分を立派な善人だ、などと思うことのないように。私にふさわしいのは地獄以外にありません。神の恵みによって五四年の間、私は神を畏れて歩むことが許されました。また、神の恵みによって人から後ろ指を指されたり、偽善者よばわりされずにすみました。それでも、私にふさわしいものと言えば、地獄以外に考えられません。地獄以外にふさわしいところはありません。兄弟姉妹のみなさんにとってもその通りです。このことが理解できるのは、本当に正しく、最もきよい人だけです」と。

パウロも、言葉は違いますが、年代が進むにつれて、「使徒の中で最も小さい者」、「聖徒の中では最も小さい者」（Ⅰコリント15・9）、「罪人のかしら」（Ⅰテモテ1・15）と自分を表現しております。そして、なお豊かな恵みに進んでいったのです。

マルコ1章を開いてみてください。「さて、ツァラアトに冒された人がイエスのみもとにお願いに来て、ひざまずいて言った。『お心一つで、私をきよくしていただけます。』イエスは深くあわれみ、手を伸ばして、彼にさわって言われた。『わたしの心だ。きよくなれ。』すると、すぐに、そのツァラアトが消えて、その人はきよくなった」（40〜42節）。

「重い皮膚病」とも訳されているこの病気は、一番恐ろしいもので、もちろん神殿の境内にも入れなくなりますし、一人で住み、衣服を裂き、髪の毛を乱して、「汚れた者。汚れた者」と叫んで歩かなければなりませんでした。彼を見ただけで、人々は逃げたのです。なんと、その方がイエスに大胆に近づいて行ったのです。「お心一つで」とは「あなたがそう望んでくださるならば」という意味ですが、「私をきよくしていただけます」とお願いしたのです。

イエスは、深くあわれんでくださり、手を触れて、「わたしの心だ」、「それがわたしの望みだ、意志だ」「きよくなれ」と言ってくださったのです。その瞬間に「その人はきよくなった」のです。

二、汚れを聖める恵み

御子は汚れを聖める恵みも携えて来てくださったのです。そのことが、ここにはっきり示されています。第一ヨハネ1章7節では、「御子イエスの血はすべての罪から私たちをきよめます」と約束されています。

もう一個所、ルカ11章5節から13節までを開いてください。弟子たちに主の祈りを教えてくださった後に、主イエスが語ってくださったたとえ話です。当時の貧しい人々の友情の話です。三百万円ではなく、「パンを三つ貸してくれ」と頼んでいます。自分はいいんだけど、夜中に旅人が訪ねてきたのに、パンを上げられないんだ。ということで、借りに来たのです。私たちの場合、自分はともかく、他の人をお助けしようにも、言葉にも愛にも不足しており、助けられないかもしれません。愛の満ち満ちた友人がおられるので、その方のところに行くということが考えられます。

ところが、そのたとえ話の友人は、「めんどうをかけないでくれ」と答えます。広い屋敷に住んでいるのではありません。一間に、自分も子どもも、場合によっては、家畜まで、下のほうに寝ているという状態で、パンを貸すだけならいいんだけど、自分が起きると、みんなを起こしてしまうことになるので、と思ったのでしょう。

でも、イエスは言われます。「彼は友だちだからということで起きて何かを与えることはしないにしても、あくまで頼みつづけるなら（直訳：あつかましさのゆえに）、そのためには起き上がって、必要な物を与えるでしょう」（8節）。先ほどの四人の友人たちも、ツァラアトに冒された人も、あつかましいばかりに求めてきたのではないでしょうか。

「求めなさい。捜しなさい。たたきなさい」とありますが、これは、「求めつづけなさい。捜しつづけなさい。たたきつづけなさい」とも訳せる言葉です（9節）。「だれであっても、求める者は受け、捜す者は見つけ出し、たたく者には開かれます」（10節）。「だれであっても」とはうれしい言葉ですね。ああいう聖徒ならばということではないのです。主イエスのお言葉です。「あなたがたの中で、子どもが魚をくださいと言うときに、魚の代わりに蛇を与えるような父親が、いったいいるでしょうか。卵をくださいと言うのに、だれが、さそりを与えるでしょう」（11〜12節）。「してみると、あなたがたも、悪い者ではあっても、自分の子どもには良い物を与えることを知っているのです。とすれば、なおのこと、天の父が、求める人たちに、どうして聖霊をくださらないことがありましょう」（13節）。

三、聖霊に満たされた歩み

主は大祭司として、御自身をいけにえとしてささげ、そしてよみがえり、あらゆる権威、権力、権勢の上に上げられて、御父の右の座に着かれました。今もすべてを支配なさる王の王、主の主として御父と共に聖霊をお送りくださるのです。その聖霊（パラクレートス）が、私たちの助け主、慰め主として、そばにいてくださいます。

このお方に満たされることは、神が喜んで与えてくださる恵みなのです。一番大切な最愛の御子を惜しまずに私たちに与えてくださった方が、どうして「御子といっしょにすべてのものを、私たちに恵んでくださらないことがありましょう」。このように聖霊に満たされた歩みも神は恵んでくださるのです。

しつこく願い続けていきましょう。あのたとえで、しぶしぶ起き上がった友人のことが書かれていましたが、神は喜んで与えてくださいます。ホプキンスという方が例をあげてますが、鉄は冷たく硬くどうしようもない物質ですが、火の中に入れられて火と一体になると、これが熱く柔らかな自由自在に曲がるものになるのです。そこから出してしまうと、また、もとどおりになってしまいます。イエスも言われました。「わたしにとどまりなさい」（ヨハネ15・4）。「多くの実を結びます。わたしを離れては、あなたがたは何もすることができないからです」（同5節）と。

どうか、謙遜に、敬虔に、大胆に恵みの御座にいつでも近づいて行きましょう。

〈教職セミナー〉

ずっと以前からの弟子

使徒言行録21・13〜16

ロバート・カンビル

今日このように、同労者である牧師先生方と共にあることを大変嬉しく思っております。

皆さんはデマスという人物について聞いたことがあると思います。コロサイの信徒への手紙4章14節に、「愛する医者ルカとデマスも、あなたがたによろしくと言っています」と述べられており、またフィレモンへの手紙24節では、「わたしたちの協力者たち、マルコ、アリスタルコ、デマス、ルカからもよろしくとのことです」と述べられています。これらの手紙は、紀元60年頃に書かれたとされていますが、デマスはここでは、パウロと一緒に手紙の受け取り人に挨拶をしています。

ところが、紀元64年に書かれた第二テモテ4章10節でパウロは、「デマスはこの世を愛し、わたしを見捨ててテサロニケに行ってしまった」と述べています。初めは良い働きをしていたのに、デマスは、最後まで弟子であり続けることができなかったのです。

皆さんはムナソンのことをご存じでしょうか。新約聖書にたった一度、使徒言行録21章16節に述べられています。「カイサリアの弟子たちも数人同行して、わたしたちがムナソンという人の家に泊まれるように案内してくれた。ムナソンは、キプロス島の出身で、ずっと以前から弟子であった」と。聖書は彼を、「ずっと以前から弟子であった」と語っているのです。この聖書の一節は私たちのためでもあります。牧師として、私たちもそうあるべきだからです。

ムナソンに関する聖書の言葉は英語ではたった5語です。愛する皆さん、もしキリストに仕えている皆さんと私のことが、この地上のどんな新聞にも残っていなかったとしても、地上の記録として残っていなかったとしても、がっかりしないでください。

ビリー・グラハム先生が、記者からインタビューを受けたときのやり取りに、グラハム先生のスピリットを見ることができます。記者は尋ねました。「グラハム博士、あなたはとても有名な説教者ですので、あなたの記事を新聞に掲載しています。そのことに関してコメントをください」。するとグラハム先生はこう答えました。「あなたがたが、私について書いていることに間違いはありません。しかし、皆さんに言いたいことがあります。あなたが知りもしない数多くの神の僕がいますが、あなたたちは彼らのことを新聞には書いていません。しかし、天国の新聞には、彼らの名前が書かれているのですよ」。

これは、すべての主に仕えている僕に当てはまることです。主に仕えておられる日本の先生方、日

郵便はがき

1 1 3 8 7 9 0

料金受取人払郵便

本郷局
承認

6395

差し出し有効
期間平成27年
2月28日まで

東京都文京区本郷4-1-1-5F
株式会社ヨベル行

1 1 3 8 7 9 0　17

裏面にご住所・ご氏名等ご記入の上ご投函ください。

●今回お買い上げいただいた本の書名をご記入ください。

書名

●この本を何でお知りになりましたか？
1.新聞広告（　　　　）2.雑誌広告（　　　　）3.書評（　　　　）
4.書店で見て（　　　　書店）5.教会・知人・友人等に薦められて

●ご購読ありがとうございます。
ご意見、ご感想などございましたらお聞かせくださればさいわいです。
また、読んでみたいジャンルや書いていただきたい著者はどんな方ですか。

ご住所・ご氏名等ご記入の上ご投函ください。

ご氏名：＿＿＿＿＿＿＿＿＿＿＿＿＿＿（　　　歳）

ご職業：＿＿＿＿＿＿＿＿＿＿＿＿＿＿＿＿＿＿＿

所属教団・教会名：＿＿＿＿＿＿＿＿＿＿＿＿＿＿

ご住所：（〒　　　-　　　　）

＿＿＿＿＿＿＿＿＿＿＿＿＿＿＿＿＿＿＿＿＿＿＿

＿＿＿＿＿＿＿＿＿＿＿＿＿＿＿＿＿＿＿＿＿＿＿

電話：　　　　（　　　　　）

e-mail：＿＿＿＿＿＿＿＿＿＿＿＿＿＿＿＿＿＿＿

「あなたの原稿が本になります」（自費出版含）

本の出版の方法に対して、丁寧なアドバイスが好評を得ております。この機会にご検討ください。本ってどんなふうに作るんだろうというご質問から丁寧にお答えします。

信仰生活の証し、随想、歌集、研究書等を人生の記念として「一冊の本」にきちんとまとめて制作してみませんか。制作の困難な部分をお手伝いさせていただきます。手引き「**本を出版したい方へ**」を差し上げております。興味のある方はご一報くだされば送付させていただきます。

最近は、教会創立記念や会堂建築記念に「記念誌」、「説教集」、「証し集」等を制作する教会が増えています。足跡を辿る貴重な記録となります。機会を逃さないで制作してみては如何でしょうか。資料を差し上げます。

資料「**本を出版したい方へ**」が（**必要　　必要ない**）

見積（無料）など本造りに関するご相談を承っております。お気軽にご相談いただければ幸いです。

＊上記の個人情報に関しては、小社の御案内以外には使用いたしません。

本の歴史の中でも、教会が様々な迫害を受けました。しかし、５００年前に日本で流され信仰者の血は、決して無駄になっていません。皆さんが忠実に主に仕えていくならば、どんな問題のただ中にあっても、私たちの名前が天国の新聞に記されていることを主に感謝しましょう。

ビリー・グラハム伝道協会の協力伝道者としての最初のクルセードのときのことを思い出します。それは１９７８年、インドのハイドラバードでのことです。会場に行くと、そこには1万人分の席がありました。若い伝道者として、とても幸せな気持ちになりました。しかし、最初の夜、集会に行くと、たった25名しか集っておらず、とても失望しました。しかし、聖書は何と言っているでしょうか。「折が良くても悪くても励みなさい」。つまり、会衆が多くても少なくてもということです。ですからその夜私は、そのことを心がけて説教し続けました。ところが、招きにはたった5人の人しか前に進みでませんでした。私は、再びがっかりしました。

しかし神は、奇跡を起こされました。その夜、招きに応じた人の一人は、サム・バジャーン博士でした。彼は、当時インドのクリスチャンのリーダでした。今は、国際的にも有名なクリスチャンリーダーです。その夜、彼は涙を流しながら前に進み、こう言ったのです。「私は、初めてキリストの十字架の前に自分が悔い改めなければならないことが分かった」。サム・バジャーンが、キリストの前にひれ伏したというニュースが新聞で報道されました。すると翌日からクルセードに人々が集まり始め、日曜日の最後の夜の集会では、すべての席が埋め尽くされました。どんな状況におかれても、キリストの福音を語り続けることを、主は私に教えてくださったのです。

ムナソンの人生から、真理を学ぶことができます。それは、キリストの僕として御言葉に仕え、神の知恵と恵みのうちに成熟に向かって成長し続けることです。使徒言行録8章4節に、「さて、散って行った人々は、福音を告げ知らせながら巡り歩いた」と記されています。ムナソンは、ずっと以前からの弟子として、伝道者として福音を語り続けたと思います。

インドのバンガロールに、かつて神に用いられた一人の大衆伝道者がいました。彼は有名になり、世界中から説教者として招かれるようになります。すると福音をあまり語らなくなり、その代わりに自分が世界のどこどこの国に行ったということを話すのに、説教時間の多くを使うようになりました。彼はキリストではなく、自分自身を宣べ伝えるようになったのです。今、彼はもう招かれなくなりました。

ムナソンは、様々な問題に直面していたと思います。家族の問題を抱え、共に伝道していた仲間との間のトラブルもあったに違いありません。でも、問題があることが問題なのではありません。大切なことは、何が起こっても、どんな困難があっても、どんな誤解が生じても、教会員からどんな反対を受けても、最後まで御言葉を宣べ伝えることをやめないことです。

ペトロやパウロの働きほど、我々のやっていることが重要に思えないかもしれません。しかし神の目においては、日本で皆さんがなさっていることは、たとえ他の人には気づかれなくても尊く、ムナソンのように皆さんの名前は、「ずっと以前から弟子であった」と神の記録の書に記されているのです。そのようになりたいと思いませんか。

学校対抗陸上競技大会でのエピソードです。沢山の子どもたちが参加しました。100メートル競走で、出場者がスタートラインに並び、合図を待っていました。見ている人の目は、その地域で一番早い選手に向けられていました。しかしそこには、ちゃんと走れるのかと思うほど弱々しく見える選手もスタートラインにいました。競技は始まり、その才能ある選手はあっという間に他の選手との差を広げ、テープを切り、新記録を樹立しました。

さて、大会の係員は次の競技のためにハードルを並べました。すると、そのハードルを取り除くようにとのスピーカーによる緊急放送がありました。なぜならば、依然として一人のランナーが走っていたからでした。それは、あの弱々しい競技者でした。疲れて息を切らし、自分の体を引きずりながら、遂にゴールに辿りつきました。彼には、倒れるまで走り続ける勇気がありました。

さて、主催者は勝利者だけではなく、この敗者にもインタビューしました。そのとき彼はこう言いました。「このレースに参加すべきもっと優秀な選手が私たちの学校にはいました。しかし、彼は病気で来ることができませんでした。それで私が送られて来たのです」。すると記者は、「だけど、どうして、負けると分かっているのに、走ることをやめなかったのですか」と質問しました。その少年は、「私は、走ることを途中でやめるためにここに送られてきたのではありません。私は走り抜くためにここに送られてきました。そして私は、最後まで走り抜きました」と答えました。

愛する皆さん、主の栄光の御座で、ずっと以前からの主の弟子として、私たちの名が神に覚えられているなら、素晴らしいことではないでしょうか。

牧師として最初に奉仕した教会のことを思い出します。それは、西ベンガルのカルカッタの教会です。ユニオンチャペルと呼ばれ、イギリス人によって建てられたとても大きな建物で、パイプオルガンもありました。しかし、宣教師がそこを去ったとき、礼拝出席者がたったの20名になりました。教会のオルガニストは、私がその教会を引き継いだ一週間後に召されました。とても失望しました。しかしそのときに、後にその地域の監督となった年配の牧師が、「あきめないように」と励ましてくれました。それで、日曜毎に御言葉に忠実に福音を語り続けました。そうするとすぐに教勢は増え始めました。その後、北東インドの教会評議会の手伝いをするようにとの任命を受け、その教会を離れることになりましたが、そのときには200人近くの人々が集うようになっていました。日曜日ごとに、私は福音を、イエスの血潮について説教しました。

ビリー・グラハム先生があるときニューヨークで説教しました。良い例話のある良い説教を語ったとグラハム先生は思いました。しかし招きをしたとき、わずかの人しかその招きに応答しませんでした。ホテルへの帰りの車中、グラハム先生はスティーブン・オルフォード先生と一緒でした。グラハム先生は言いました。「今日の説教は良かったと思うのに、わずかの人しか招きに応じなかった」。そこで、オルフォード先生は言いました。「どうしてだかわかるかい。ビリー、あなたはイエス・キリストの尊い血潮について語るのを忘れたからだよ」。その夜以来、グラハム先生は、いつもイエス・キリストの血潮について語りました。このことは、ここにおられる牧師先生へのお勧めでもあります。もし、皆さんの会衆が成長し、教会が成長して欲しいと思うならば、キリストの血潮について語ってください。そして、最後までそのことに徹してください。

最後に、ある実話をお話しします。それは、1898年に、私が住んでいる地域で実際にあったことです。インドに王がいた時代です。そのときの王には、ボー・シンという素晴らしい息子がいました。彼は、宣教師の伝道によって、イエスを受け入れました。彼は謙遜で親切で、愛すべき人となり、人々は、将来彼が王になることを願いました。やがて王が死に、人々はいよいよ、ボー・シンが王になることを期待しました。ところで、当時の王の帝冠式はとても異教的で牛を殺し、ヤギを殺し、鶏を殺して、さまざまな犠牲を捧げました。人々は皆、彼がイエスを信じていたことを知っていました。そこでこの異教の祭司は、ボー・シンのところに行って言いました。「私たちは、あなたを王にしたいのです。だから、帝冠式のために一日だけ、キリストのことを忘れてください」。

しかし、ボー・シンは、その祭司に、「私は、一日もイエスさまを忘れることはできません」と答えました。それで、祭司は、寺に帰って話し合い、そのセレモニーの無駄を省いて6時間にしました。

そして、ボー・シンの所に戻って言いました。「これは、あなたにだけの特別なことです。みんながあなたに王になって欲しいからです。セレモニーを6時間に短縮しました。だから6時間だけ、イエスのことを忘れてください」。しかし、またボー・シンは、祭司を見て言いました。「わたしが6時間もイエスさまのことを忘れることがどうしてできるでしょうか」。それで、祭司は、今度は年配の祭司にも相談して、セレモニーを1時間に短縮しました」。そして、彼らは言いました。「ボー・シン。あなたに王になってもらいたいための特例です。セレモニーを1時間に短縮しました。だから、1時間だけイエスのことを忘れてください。そうすれば、あなたを王として任職します」。すると、若い王子は言いました。「私のイエスさまのことをいったいどう思っているのか。私のイエスさまは、私の服のような存在なのか。着たいときに来て、脱ぎたいときに脱ぐ存在なのか。いいえ。一度、イエスさまを着たならば、ずっと着続けるのです」。

彼が王になることはなく、富も失いました。しかし愛する皆さん、この一人の忠実な主の僕がずっと弟子であったことによって、また彼の証しによって、何千、何万という人が、イエスを信じたのです。これは私にとっても、皆さんにとってもチャレンジです。私たちは、どれほどイエスに自分を明け渡しているでしょうか。お金や名声に邪魔されていませんか。もし主に自分を明け渡すならば、私たちの名前は、「ずっと以前からの弟子として」天に書き記されています。お祈りしましょう。

（文責・山崎 忍）

〈信徒セミナー〉

神の火を受けよ

飯塚　俊雄

ルカ12・49〜50

「わたしが来たのは、地に火を投げ込むためです。だから、その火が燃えていたらと、どんなに願っていることでしょう」（ルカ12・49）。

これは激しい、熱情溢れる御言葉です。主が地上に来られた御目的は、私たちの罪をとり除くためでした。しかし第一の御目的は、なおその上に、神の火を投げ込むためでした。そのためには、カルバリでの流血が必要でした。主はそれを、「わたしの受けるバプテスマ」と言われました。こうして御業はなし遂げられ、ついにペンテコステの日に、天からの炎が、一人一人の上にとどまったのでした。

火は心の腐敗をとり除き、地上で燃えて輝くキリスト者とし、私たちを一つにして、主の教会とされます。神は火をもって応えるお方です。火とは神御自身です。神御自身が私たちの内に、聖霊によって宿りたもうことを意味します。ですから、この集会の目的は、「火がすでに燃えている魂」になることです。熱く燃えていない「きよめ」などないとあのキルケゴールが言ったと言います。私たちは霊に燃えているキリストの証人でしょうか。

現代の教会から輝く力を奪う問題、クリスチャンの種々相をいくつか申し上げましょう。

一、生ぬるい人（黙示録3・14～22）

生ぬるいとは、少しも熱のない人ではありません。熱はある、だが熱と冷たい物が混合している状態です。天につくものと地につくものが混ざり合う、半肉半霊の状態です。信仰生活が惰性、義務となり、万事ほどほどなのです。魂をめがけて、救われた喜びの証しをするわけでない、執り成しの祈りをするでもない。主は吐き出したいと言われるが吐き出してしまわれないで、励んで悔い改めなさいと愛を促しておられるのです。

二、くすぶる燈心（マタイ12・20）

これも火はあるけれど、炎となっていません。神と人に対する愛が下火で、感謝の思いが乏しい。くすぶり、ぐずり、不満分子と言われる人たちが主の臨在を憂えさせ、今日の日本の教会の沈滞の原因をつくっているのをご存じでしょうか。初代教会の輝きに満ち、喜びに溢れるクリスチャンたちの顔と見比べてごらんなさい（Ⅰペテロ1・8）。なぜ、魂がくすぶるのでしょうか。

（1）芯を切りそろえていないからです。

昔、神の宮には灯火皿に絶えず火を灯すために、純金の芯かきで燃えたあとの芯を切り揃えていたのです。手抜きは許されません。私たちの祈りも、絶えずかき立てられねばなりません。アバ父は愛する子らの祈りを待っておられます。主を仰ぎ、主のひとみに映る自分の姿を整えていただくのです。「中国の太陽は、私の祈る姿を見ないでは上らない」とは中国奥地伝道団の創始者ハドソン・テーラーの言葉です。古い過去の経験を超えて、汝の力は日々求めるところに従うとの御言葉に立ちましょう。主の恵みは朝毎に新しいからです。

（2）油が切れているから（Ⅱコリント1・21）

賢い乙女たちのように、キリストが今日再臨されるかのように、聖霊御自身に満たされて生きるのです。主は憐れみをもって、くすぶる燈心を消すことなく忍んでおられます。ただ、あなたに燃え上がって欲しいからです。

三、生焼けのパン菓子（ホセア書7・8）

裏返さない餅とも言われます。火は燃えているのに中まで火の通らないクリスチャンです。聖会や祈り会に出て、燃える火に触れられ、多少感情は動くのですが、表面的で、心の底はまだ冷たく固い。

光に探られて罪を示されても、始末をつけず、頭で理解しているだけで魂が変わろうとしない自分がそこにいませんか。

ではこの天来の火が、主イエスの御生涯においてどのように燃えていたでしょうか。

（1）公生涯の初めに宮潔めをなさいました。

柔和なる主が激しい行為に出られたのは、「父の家」を思う聖なる愛からです。今も主は、「神の神殿は聖なるものだからです。あなたがたがその神殿です」と言われます（Ⅰコリント3・16）。ということは、主はどのように汚れた私たちの心の宮も聖めたもうことがおできになるということです。幸いではありませんか。

（2）人々を見て断腸の思いをされました。

彼らの霊的実情を、牧者のいない羊たちのように弱り果てて倒れているとごらんになり、愛と同情の火に燃えたとあります（マタイ9・36）。神の恵みの訪れを拒んだため、やがて壊滅するエルサレムのために号泣されました。

（3）徹夜の祈りに燃える主のお姿

主は御父と深く交わるために、しばしば人のいない荒野に退いて祈っておられ（ルカ5・16）、時には、祈りながら夜を明かされました。

（４）主の御生涯は御父の御旨一筋に貫かれていました。血の汗したたるゲツセマネの祈りから立ち上がられた主は、カルバリの十字架に身を裂きながら燃えました。「父よ」と御父へ信頼の微動だに変わらないことを表明され、「彼らをお赦しください。彼らは、何をしているのか自分でわからないのです」と執り成され、死に行く傍らの強盗の頼みにも耳を傾け、救いに導かれました（ルカ23・43）。

（５）磔殺されても、主の内に燃えていた火は消すことが不可能でした。それは復活となり、昇天となり、今も私たちのための絶えざる執り成しとなって、神に近づく人を完全にお救いなさるのです（ヘブル７・25）。

（６）主の内に燃え続けた火は、ペンテコステの日、祈り待ち望む人々の心に燃え移り、あの日以来、切実に主を求める人たちの内にこの火は投じられて来ているのです。

主は、かつてホレブの山でモーセが見たように、ありきたりの柴が火を宿したため、燃えても燃えても燃え尽きなかったように、そのような輝ける証人を今も求めておられます。

主は、「わたしが来たのは、地に火を投げ込むためです」（ルカ12・49）と言われました。この「投げ込む」という言葉は、転機的な意味を持っています。それは具体的にはペンテコステの経験を通った人たちに三つの特徴として確認されます。

第一に、輝ける容貌です。それは聖霊による俄然たる変貌でした（使徒6・15、IIコリント3・18）。

第二は、明快にして正確な聖書理解でした。「これは預言者ヨエルによって語られた事です」（使徒2・16）、つまりヨエルの預言の成就ということ。三度も主を否んだ男もこの確信に揺るぎはありませんでした。

第三は、権威です。彼らは二度と人の顔を恐れぬ人に変えられました。

この三つの点によって彼らは正しく、「力」ある証人となったのです。初代教会は短期間にしてこの「力」を装備したため、いかなる迫害、弾圧にも屈することなく進むことができたのです。

あの日、エルサレムの二階座敷には一二〇人がおりました。当時のパレスチナの人口は四百万と言われますから、三万人に一人の割合です。でも六二年、ネロの大迫害の頃は、「おびただしいキリスト者の群れ」とあります。火を宿した彼らは草深いガリラヤから勇気に溢れ、死を恐れずローマにまで行ったのです。

天来の火に燃える初代教会の姿を拾えば、

一、福音宣教に見る大胆さ（同4・19〜20、5・21）。人よりも「神に聞き従う」べきです。「私たちは、自分の見たこと、また聞いたことを、話さないわけにはいきません」と。自分のいのちより大切な福音への確信です。

一、弾圧の中で、熱烈に祈る彼ら。万事に祈る彼らに、聖霊が注がれ、満たされて立ち上がる姿を見ます。

一、信徒相互の熱愛（同2・44〜47）。お互いにお互いの事を配慮し合い、心を一つにして使命に生きる姿です。

一、ステパノの殉教の結果、火の粉となって八方に散らされ、散らされた事を伝道のチャンスと捉えています。やがて迫害者サウロも劇的に救われ、彼の内に深く燃え込んだ火は、小アジアから欧州にまで拡がります。

「初期のキリスト教が急速に燎原《りょうげん》の火の如く拡がって行った理由は何か。それはひとえにキリスト者の個人伝道である」、と言われます。

メソジスト運動の初代には、救われた大工、左官、石工、また学者たちがこぞって福音の壇上に自分を献げてこの火を受けて燃やされ、火の粉となって各地に燃え拡げられ、ついに大いなるメソジスト教会となり、暗黒の英国は救われたのです。

この火は、それぞれの時代に、主の御期待に応えて立ち上がった人たちによって、あかしのバトンが渡され、今日に至っています。

四、では、どうしたら天からの火に燃える「私」になれるのでしょう。

聖霊は贖いの御業を私たちの生きた体験とするため、主権者として働いておられます。ペンテコステの日、炎として各人の上にとどまられた聖霊は、私たちの内部を探り、聖め、輝かすという三段階のお働きの象徴なのです。

まず聖霊は、「焼き尽くす」お方です。世俗になじんできた私たちが、主を第一にして生きようと決意するなら、当然、焼き尽くされねばならないものがあるはずです。やがて私たちは主の御前に立つ永遠の朝を迎えます。その時、あまりにも御真実な主の御愛に対し、この世において一度たりとも心底から、「主よ、あなたは私のすべてです」との真実な告白をさし上げたことがなかったら、どんなにか恥じ入ることでしょう。そう思いませんか。今ここでその愛を告白し、告白したしるしに示された光の中に、心の憎しみ、ねたみ、汚れを潔く十字架のるつぼの中に投げ込もうではありませんか。

さらに聖霊は、焼きつけの業をなさいます。不純なものを焼き尽くした心に、「見よ、これがあなたのくちびるに触れたので、あなたの不義は取り去られ、あなたの罪も贖われた」(イザヤ書6・7)との御言葉をかけてくださいます。そして聖霊はキリストの御姿を心の奥に焼き付けてくださいます。ちょうど絵付けされた陶器が高熱の炉の中を通されて、もはや消えないものとなるように、「私たちはみな、……栄光から栄光へと、主と同じかたちに姿を変えられて行きます」(IIコリント3・18)。宣教において大切なのは、主との個人的な関係からさらに進んで、私たちが主に似ているかという存在そのもの、つまり人柄が物言うのです。

最後に、聖霊は「燃え上がらせ」なさいます。主の御生涯がそうでした。注ぎ尽くされた御父への従順と私たちへの愛、その頂点が十字架でした。ですから十字架は永遠に神の栄光なのです。燃えないでどうして輝くことができましょうか。聖霊に明け渡さずしてどうして燃えることができますか。燃えるとは周囲に熱と光を与えることです。

天才的な聖書学者であった聖徒アダム・クラークの墓碑には、「光を掲げるために私はいつも燃え続けた」とあるそうです。

燃え続けるために、いくつかの手引きを申し上げます。

一、主に近づきなさい。神の愛子とされているのですから、はばからず近づき、ありのままを主に申し上げなさい。

一、神に明け渡しなさい。「死者の中から生かされた者として、あなたがた自身とその手足を義の器として神にささげなさい」（ローマ６・13）。献げたあなたを主は大切にされ、あなたに代わってあなたの内に住んでくださいます。主は御真実です。どこまでも信じ、頼り続けなさい。

一、絶えず光に従って歩みなさい。「イエスさまが一番」をルールに、生活全般を絶えず調整しましょう。

聖霊の火に燃やされ輝くキリスト者。これこそ主の喜び給う者、福音の真髄を生きる人です。

〈レディス・コンベンション〉

価値のある試練

ジョナサン・ラム

IIコリント1・1〜11

皆さんはエヴェリン・ブランドという女性宣教師をご存知でしょうか。この方は、イギリスでは著名な外科医ポール・ブランド医師の母親です。彼女は裕福な家庭に育ちましたが、結婚後、夫と共に宣教師としてインドに行きました。働きを始めて10年目、夫が44歳で亡くなったため、彼女は心の痛みと悲しみを抱えてイギリスに戻ることになりました。

しかし1年後、彼女は再び宣教師としてインドへ行き、インドの高地に住む人々への伝道の働きに生涯を捧げました。彼女は病気の人々を看護し、農夫を指導し、孤児の世話をし、密林地帯を開拓し、学校を建設するなど、非常に幅広い働きをいたしました。彼女は67歳の時に転んで腰の骨を骨折したため、外科医の息子がインドに来て、母親に宣教師の働きをやめるように勧めました。実は、それまでにも彼女は腕の骨を折り、脊椎には数個所にヒビが入っており、マラリヤには何度もかかっていました。しかし、彼女は息子に言いました。「私の年老いたこの体は、神さまが必要とする場所で用いられなかったら何の役にも立たないの」。

それから28年後、彼女は95歳で天に召されましたが、彼女の遺体は住んでいた村の人々によって埋葬されました。彼女の同労者はこう言っています。「ブランド先生は、まさに第二コリントの手紙から抜け出たような、私たちが模範とするべきキリスト者生涯を貫かれた方でした」と。


パウロは、クリスチャンのメッセージとクリスチャンの奉仕には苦痛が伴うというパラドックスを経験していました。彼の思いは、コリント第二12章9節の御言葉にはっきりと描かれています。「わたしの恵みは、あなたに十分である。というのは、わたしの力は、弱さのうちに完全に現われるからである」と。パウロは、11章で語っているように、その生涯の中で忍耐の限界のような状況にまで追い込まれていました。彼の宣教の働きには、彼の命を奪うほどの苦しみが伴いました。しかし彼は、まさにそのような苦しみと弱さの中にいる時に神の力が現れることを理解するようになっていました。

私がまだ若い頃にクリスチャンとして困難に直面した時、父が簡単なたとえをもって私に話してくれました。「クリスチャンは、ティーバッグみたいなものなんだよ。本当の力は、熱いお湯の中に入れられた時に現れるんだ」と。

今日の聖書の個所から、試練はなぜ価値あるものなのかを考えたいと思います。

◇キリストの生き方を共有する（5節）

今日の聖書個所には、「苦しみ」や「苦難」という言葉が繰り返して用いられていますが、これは第二コリントの手紙全体に言えることです。「苦難」（trouble）とは、様々な種類のプレッシャーを意味します。

古代に行われていた拷問の一つに、人の胸の上に重い石を載せて、石の圧力で、その人のいのちを徐々に奪うというものがありました。ここで、パウロは意図的に、この苦難をキリストと結び合わせています。「私たちにキリストの苦難があふれているように、慰めもまたキリストによってあふれているからです」（5節）。

苦しみは、私たちがキリストに結び合わされる時に生じる必然的な結果です。クリスチャンが当然かつ一般的に経験するものです。私たちはキリストと結ばれているのですから、この弱さを逃れることはできません。パウロが1章のこの所で言わんとすることは、苦しみを経験することは決して自分の不信仰から来るのではなく、むしろキリストの弟子として受けるべき勲章だということです。

もう一人の女性宣教師についてお話しします。彼女は私の友人の一人です。この女性、ヘレン・ローゼンベアは医療宣教師として、当時のザイールで働きました。彼女は医学生であった時にケズィックの集会に出て、そこで神からの召命を受けました。ザイールでは１９６０年代に革命が起こったのですが、その中で彼女は拷問を受け、殴られ、レイプされました。その頃の経験を彼女は書き残しています。彼女が処刑されそうになった時、聖霊が彼女に自分の召命のことを思い出させました。それはまるで神の口から直接聞いた言葉のようでした。「20年前、お前は宣教師として生きる特権にあずかりたいという願いを私に祈っただろう。これがまさにその特権だ。これはお前の苦しみではない。すべて、私の苦しみなのだ。私がお前の体を借りて、その苦しみを受けているのだ」。彼女は、奇跡的に処刑を免れたのですが、後に次のように語っています。「神さまは私の苦しみを止めませんでした。ひどい仕打ちも続きました。苦しみも恐れも依然として続いていました。しかし、心はまったく違っていました。すべてはキリストにあり、キリストのためであり、キリストと共に生きることだと分かったからです」と。

パウロが自分の弱さを誇ったのも当然です。彼が苦しめば苦しむほど、それは彼がキリストと一体となっていることの証拠だったからです。

一、私たちは神の慰めを経験する（３〜４節）

パウロが３節で、感謝の言葉を述べていることに注目してください。「私たちの主イエス・キリストの父なる神、慈愛の父、すべての慰めの神がほめたたえられますように」。困難の中でも神を賛美できる力は、神からの慰めを経験した者だけが持てるものです。キーワードとなっている「慰め」という言葉が今日の個所だけで10回も出てきます。これと同じ言葉が、ヨハネ福音書では聖霊の働きを意味する言葉として用いられています。聖霊は私たちが試練を通る時に、そばに来て私たちを励まし、強めてくださいます。私たちがクリスチャンとしてどのような困難や試練を経験するとしても、神の臨在によって励まされること以上に価値あることはありません。パウロは試練の中で神の力を何度も経験しました。皆さんの中にも同じような経験を持っている方がおられるはずです。私たちをとりまく状況がどれほど暗く厳しいものであっても、私たちが神から見捨てられることは決してありません。

もう一人の素晴らしい女性を紹介しましょう。オランダ人クリスチャンのベッツィー・テン・ブームです。彼女のことは皆さんもご存知かもしれません。彼女は第二次世界大戦中、ナチスのレーベンスブルック強制収容所での厳しい生活の中で神の慰めを味わっていました。彼女は次の言葉を残しています。「主にとって深すぎて降りられないような穴はないことを人々に伝えなければなりません」。

私たちは、このような励ましの言葉を必要としています。それは、この世においては誰もが何らかのプレッシャーや重荷を感じているからです。困難を経験している時、神への信頼を持ち続けることは簡単ではありません。だからこそ、そのような時に聖書に常に流れている神の慰めの恵みをしっかりと握っていなければなりません。

詩篇23篇4節の御言葉を常に覚えておきましょう。「たとい、死の陰の谷を歩くことがあっても、私はわざわいを恐れません。あなたが私とともにおられますから。あなたのむちとあなたの杖、それが私の慰めです」。

パウロは2節と3節に、この慰めがどこから来るのかを記しています。恵みと平安が私たちの父なる神と主イエス・キリストから来るように、私たちの慰めも主イエス・キリストの父なる神、慈愛の父、すべての慰めの神から来ます。私たちは、苦しみを通して父なる神をより深く知るようになるのです。

二、私たちは神の民を助けることができる（4、6、7節）

私たちがキリストに結び合わされたのであれば、私たちクリスチャンもお互いに結び合わされています。ですから、クリスチャンが経験する苦しみや慰めも、単に個人的な経験であるだけでなく、一つの共同体としての経験でもあるのです。4節にはこう書かれています。「私たちも、自分自身が神から受ける慰めによって、どのような苦しみの中にいる人をも慰めることができるのです」。私たちが試練の中で神が自分のすぐそばにいてくださることを体験するなら、私たちは同じような苦しみを味わっている他の人を助けることができます。私たちは、他の人とまったく同じ苦難や苦しみを味わうことはないとしても、助けることは可能です。他の人を助けられる条件は、自分が神から慰められたという経験を持っているかどうかという点にあります。だからこそ4節に、「どのような苦しみの中にいる人をも」と書かれているのです。パウロはコリントの教会の人々が困難の中でも神からの助けを受けて、その困難を乗り越えるのだと確信していました。パウロが7節で、「自分が彼らについて抱いている望みは動くことがない」と書いているように、あらゆる慰めの神は必ず私たちを助けてくださいます。

もう一人の女性を紹介しましょう。それは私の妻です。少し前に彼女は非常に落ち込んでいる女性から手紙を受け取りました。彼女は乳がんを患っていました。私の妻マーガレットも3年ほど前に乳がんを患い、その時は、私たちの家族にとって少し大変な時期でした。しかし、マーガレットはその辛い経験を持っているからこそ、同じ病気を持つその女性に、神の助けや慰めを受けたこと、多くの人の祈りに支えられたこと、試練を通して学んだことなどを語ることができました。

私たちが辛い経験の真っ只中に置かれている時には、このように考えることは難しいですが、自分が試練を経験したことを神は他の人を助けるために用いてくださることを忘れてはなりません。あなたが困難を経験したことは、主にある家族の中で苦しんでいる人を慰めるために役立つのです。パウロは9節で自分が神により頼んでいることを認めていますが、11節では、神の民にも助けられていると述べています。「あなたがたも祈りによって、私たちを助けて協力してくださるでしょう」。神はパウロを救い出されましたが、それは、多くの人の祈りの結果でした。私たちがお互いのために祈る時に、その祈りが神の手を動かすのです。

三、私たちは神の目的に信頼する（8〜11節）

時々、私たちは思います。「もし、神さまが私を愛しておられるなら、なぜ、こんなことが起きるのだろう」と。パウロはひたすら神に仕えていましたが、彼は多くのやっかいな問題に直面しました。彼はその経験を正直に8節と9節で述べています。「私たちは、非常に激しい、耐えられないほどの圧迫を受け、ついにいのちさえも危くなり、ほんとうに、自分の心の中で死を覚悟しました」。パウロは、まるで自分が荒波に襲われる船のようだと感じ、沈没することさえ覚悟していました。

なぜ神は、パウロにこのような大きな困難と絶望を経験させられたのでしょうか。パウロは9節で説明しています。「これは、もはや自分自身を頼まず、死者をよみがえらせてくださる神により頼む者となるためでした」。この手紙を通じて教えられていることは、神が私たちに試練を経験させることを通して、私たちが自分の弱さを知り、自分に頼ることを止めて神だけを信頼する者にしてくださるということです。

9節でパウロは心の中で死を覚悟した経験を語るだけでなく、死者を甦らせてくださる神は信頼できる方であることを強調しています。私たちは十字架の死においてキリストと結び合わされただけでなく、復活のいのちにおいても結ばれているのです。復活は、死んだ後の未来の出来事だけに関係するのでなく、私たちはその復活の力を部分的に既に経験しています。

もちろん私たちは、いつか必ず死にます。しかし、私たちに地上で果たすべき使命が残っている限り、神は私たちのいのちを守ってくださいます。私たちは自分の人生が長いのか短いのか、悲しい人生か喜びの人生か、分かりません。しかし確かなことは、私たちのいのちは神が決められるということです。ですから、私たちが失望を経験する時こそ、憐れみと復活の神を信頼することを学ばなければなりません。神が私たちを手離すことは絶対にありません。私たちの神は、今も、将来も、そして最後の復活の日も、いつも信頼できる方です。


最後に、もう一人の女性宣教師を紹介します。しばらく前に、私はオーストラリアで働くステインズ宣教師夫妻のお嬢さんに会いました。夫のグレアム・ステインズ宣教師は北インドのオリッサ州で、ハンセン氏病患者や部族の人々のために働いていました。1999年1月22日、彼は教会の前で息子と共に虐殺されました。この惨劇にインドだけでなく世界中の人々が深い憤りを感じました。しかし彼の妻、グラディスは、翌日、新聞記者に次のように語りました。「私は今、ひどく動揺しています。でも怒ってはいません。私は、イエスさまから敵を愛する方法を学んだからです」。

結局、彼女は、インドに残って夫の働きを続けることを決心しました。彼女が語った言葉はインドの全国紙だけでなく、多くの国の新聞に取り上げられました。その結果、多くのヒンズー教徒がクリスチャンのところに来て聖書を読みたいと言い、彼らの多くが、「なぜクリスチャンは私たちと違うのか？」と尋ねました。

インドで働いている私の同僚のビノット・ラマクナドラは、こう言っています。「一人のオーストラリアの未亡人が、インドで今多く見られる24時間放送のケーブルテレビに出てくる有名なテレビ伝道者たちよりも、はるかに大きな働きをしました」。福音の力は十字架に架けられたイエスやイエスに従うクリスチャンの弱さを通して最も強く働きます。ですから、すべての真実なクリスチャンにとって、試練は非常に価値あるものなのです。

試練を通して、私たちはキリストの生き方を共有します。しかし、それは苦しみを経験するだけでなく、キリストの復活のいのちをも経験することです。試練を通して、私たちは神の慰めを経験します。神が聖霊を通して私たちのすぐ近くに来てくださるからです。また試練を通して、私たちは他のクリスチャンたちと自分の苦しみの経験を分かち合い、互いに慰め合い、祈り合うことができます。そして試練を通して私たちは、どこまでも神の御心に信頼することができます。試練は私たちを自己依存や絶望感から解き放つので、私たちはこの死者を復活させた神を信頼し続けることができるのです。

（文責・小西 直也）

〈ユース・コンベンション〉

御言葉に聞き続ける

大井　満

ルカ10・38～42

◇マルタかマリアか、ではなく

ルカによる福音書10章38節から42節の御言葉を読んでいただきました。よく親しまれている個所です。しかしマルタとマリアの物語は、読み間違ってしまうことが多い個所だと思います。たとえば、「私はマルタだ」、「私はマリアだ」とか、あるいは「私はマルタ型」、あるいは「あの人はマリア型」というような読み方です。主イエスは、この世の中や教会には、あるいはクリスチャンの中には、マルタ・タイプの人とマリア・タイプの人とがいますけど、あなたはどっちですか？と聞いておられるのでしょうか。

そうではないのです。私たちは、マルタがかわいそうに感じることがあります。「私はマルタだ」と思ってしまうと、何となくイエスから叱られている気がする人も多いのではないでしょうか。ルカが、マタイにもマルコにもないこの出来事を自分の福音書に書いたのは、イエスのお答えがすごくシンプルではっきりしているからです。

ストーリーは単純です。振り返る必要はないかもしれません。イエスと弟子たちがある村にお入りになりました。そしてマルタという女が、イエスを自分の家に迎え入れます。女性が、男性の旅人を自分の家に迎え入れるということは、その時代にはとても珍しいことだったでしょう。そういう意味ではマルタは、豪放でおおらかな性格で、旅人をもてなすことも大好きで、イエスのことを愛していたのです。

マルタはイエスを家に迎えて、ゆっくり休んでいただき、おいしいものをたくさん食べてほしい。そういう願いをもって、心を込めて働きました。私も人においしいものを食べてもらうのは好きです。私の趣味は、パイを焼くことです（嘘だと思う人もいるかもしれませんが）。時間があればパンも焼きますし、ピザも焼きます。こういったもので人をもてなし、自分も食べるのが好きなのです。ですからマルタの気持ちはよくわかります。

ところがマルタにはもう一人の姉妹でマリアという人がいました。マリアは何をしていたかというと、聖書にこう書いてあります。「マリアは主の足もとに座って、その話に聞き入っていた」（39節）と。ちょうど今日のように、私が立って話していて、皆さんが座って話を聞いてくださっている、そういう光景を想像したら良いと思います。一所懸命イエスの話に心を傾けて聞いていたマリア。

ここでマルタの感情が爆発するのです。「私はこんなにイエスさまのために奉仕しているのに、マリアはイエスさまの話を聞いているだけだ。イエスさま、マリアに何とか言ってやってください。私を手伝うように」。そうしたら、イエスはおっしゃったのですね。「マルタ、マルタ、……マリアは良い方を選んだ」（41〜42節）と。

◇御言葉を聞くことが第一

聖書を読むときには、その個所だけ読んでいると視野が狭くなることがありますから、前後関係で読んでみる必要がある場合があります。そういう面から見てみると、このマルタとマリアのお話は、「善いサマリア人」のたとえ話のすぐあとに起こっていることが分かります。

つまりどういうことかというと、「わたしの隣人とはだれですか」と尋ねた律法学者に、イエスは「善いサマリア人」の話をされ、祭司でもレビ人でもなくて、ユダヤ人と仲が悪くて差別され、いじめられていたあのサマリア人が隣人なのだといわれたのです。そして口先で「隣人を愛するように」と言うだけでなくて、本当に隣人になりなさい、そのためには「行って、あなたも同じようにしなさい」（37節）と、律法学者に言われたのです。

その話が終わって、旅を続けながら、この村に入って行かれるとマルタの家があり、この出来事が起こりました。ですから、話の流れからするならば、口先だけでなくて、本当に愛する人になりなさいというイエスのメッセージが既に語られていたわけです。けれどもこの流れのままならば、マルタの方がイエスの御心にかなっているように思えます。ところがイエスはこの流れとは別の方向をマルタとマリアに、そして一緒にいた弟子たちに示されました。それはつまり、愛の行いをすることではなくて、イエスの御言葉を聞くことが一番大事なのだ。「行って、あなたも同じようにしなさい」と言われたけれど、それよりも大事なことがある。隣人を愛することのベースになることがある。本当の意味で隣人を愛するために、私たちがしなければならないことがある。それは「御言葉に聞く」ということなのです。

ペトロをはじめとする弟子たちは、イエスの言葉を聞くと、すぐに飛び出していって実践してしまうような人たちだったでしょう。たとえば、湖の上を実際に歩いたペトロのように。ですからイエスは彼らに、「行って、あなたも同じようにしなさい」と語られたあとで、その弟子たちに、「飛び出していく前に身につけておかなくてはならないことがあるよ、それは私の話をちゃんと聞くことだよ」と、教えておられるのです。

最近、私たちの教会に1歳の後半~2歳くらいの子どもと、そのご両親が四組くらいいらっしゃっています。国籍や背景は様々ですが、ご両親は一人を除いてクリスチャンです。この中のある夫婦にかわいい女の子がいます。お母さんは韓国出身ですが日本語にはまったく不自由はありません。妻がこのお母さんと話をしているときに、お母さんが、「うちの子は言葉が遅いのじゃないか」と心配していたというのです。確かに同じ年頃のもう一人の男の子は、日曜日に礼拝に来ると、私を指さして「ちぇんちぇい（先生）」と言うし、玄関のスピーカーをみても同じように「ちぇんちぇい」と言うのです（スピーカーから私の声が聞こえてくるからですね）。確かに比較すると、ちょっと言葉の発達は遅いかも知れません。

このお母さんをよく見ていた妻はあることに気づいて、助言しました。それはこういう助言でした。「お母さん、あなたのお子さんが何かできたときに、お母さんは言葉をかけずに、身振りや手振りだけの感情表現だけで反応しているでしょう。お子さんにちゃんとした言葉で話しかけてあげてね」と。子どもは大人や周りの人が話す言葉を聞いて言葉を覚え、話すようになります。

私は30歳の時に9か月間、アメリカの神学校に行きました。全然話せない状態で行って、帰ってくるときにはようやく相手の言っていることがだいたいわかる状態で、まだ自分の言いたいことを言えるようにはなっていませんでした。けれども帰国してから、心がけたことがあります。それは英語圏の人と交わりをしたら、そこで覚えた言い回しを実際に自分でも使ってみるということです。聞いたことを自分で言ってみて、通じれば「やった」と思います。今でもそういうことを努力しています。

聞いて覚えるのが、私たちです。それを自分でやってみてさらに学びます。信仰生活でも同じです。主イエスの御言葉を聞いたらやってみる。そういうところから、私たちの信仰生活が整えられていくのです。

イエスはここで彼女に、「マルタ、マルタ」と2回も名前を呼ばれました。マルタはこのとき、髪を振り乱して働き、周りが見えなくなっているような状態だったでしょう。彼女に主イエスの言葉を聞いてもらうためには、2回名前を呼ばないとならなかったということです。「マルタ、マルタ」と2回呼びかけられて、彼女の注意をご自分に向けさせてから、大事なことをお話になりました。「あなたは多くのことに思い悩み、心を乱している」と。マルタはいろんなことを考えて頭の中がいっぱいになっています。「ご飯も炊かなきゃいけない、おかずも作り、スープも作りたい、イエスさまにも休んでいただきたい……」という感じです。そうすると、パニックになります。「そうじゃないよ、自分に返ってごらん。今、本当にあなたがしなきゃいけないことはたった一つだよ。そしてマリアはそれを選んだのだよ」と、主は言っておられるのです。マリアが選んだこと。それは、主イエスの足もとに座って、黙って、主が語られる御言葉に耳を傾けたことでした。

◇聞くことから始まる信仰

ローマの信徒への手紙10章14節から17節に、とても大事な御言葉があります。「ところで、信じたことのない方を、どうして呼び求められよう。聞いたことのない方を、どうして信じられよう。また、宣べ伝える人がなければ、どうして聞くことができよう。遣わされないで、どうして宣べ伝えることができよう。『良い知らせを伝える者の足は、なんと美しいことか』と書いてあるとおりです。しかし、すべての人が福音に従ったのではありません。イザヤは、『主よ、だれがわたしたちから聞いたことを信じましたか』と言っています。実に、信仰は聞くことにより、しかも、キリストの言葉を聞くことによって始まるのです」。

私たちの信仰は、キリストの言葉を聞くことによって始まります。私たちにとってキリストの言葉とは、聖書の御言葉です。マリアが「聞き入っていた」と書いてあります（39節）。「聞き入っていた」とはどういう意味でしょうか？　新約聖書はギリシャ語で書かれていますが、注意深くギリシャ語で読んでみますと、「ずーっと聞き続けていた」という使われ方なのです。一所懸命に、そして聞くという動作が習慣になるようにして聞いたということです。マルタがどんなに忙しそうに働いていても、マリアに対して腹を立てていても、イエスさまに文句を言うようになっても、それでもマリアはイエスさまの言葉に聞き入っていたのです。私たちがイエスの言葉、聖書の御言葉に、「ずーっと聞き続ける」ということが、どれほど大事かということを、この物語は教えているのです。

先週、韓国に行きました。あるところで、こんな話を聞いてきました。韓国にプロテスタントのキリスト教が伝えられたのは、日本よりも少し後の時代でした。アンダーウッド宣教師がルカによる福音書をもって、韓国に入っていきました。けれどもよく調べてみると、一人の韓国人が、中国で韓国語に翻訳された聖書を手に入れて帰国し、福音を信じて周囲の人々に福音を宣べ伝えていたそうです。その頃、韓国ではキリスト教は禁止されていました。けれども彼の働きを通して、多くの人がイエスを信じるようになっていたそうです。しかし彼は信徒で、洗礼を授けることができません。そんなとき、キリスト教の宣教師が韓国にやってきたという話を彼は聞いて、アンダーウッド宣教師に会いに行きました。彼はこのように話したそうです。「先生、私たちはイエスさまを救い主と信じる者です。どうぞ私たちに洗礼を授けてください」。アンダーウッド宣教師は、自分たちが来る前に韓国にキリストを信じる人たちがいるということに大変驚きながらも事情を聞き、彼らの信仰を確認して、洗礼を授けたそうです。

宣教師が行くよりも前に、聖書を通して神の言葉を聞いて、イエスを救い主と信じる人たちがいたというすばらしい出来事に、とても感動しました。

今年のケズィックの主題聖句は、「祈りが終わると、一同の集まっていた場所が揺れ動き、皆、聖霊に満たされて、大胆に神の言葉を語り出した」（使徒言行録4・31）です。ここだけ読むと、お祈りが終わったから聖霊が働いたように思えるのですけれど、もう少し全体を読んでみると、捕まっていたペトロとヨハネが釈放されて、彼らに何が起こったのか、神が何をしてくださったのかということを語ったのです。それを聞いた一同が祈り、そして聖霊に満たされたのです。

私たちはまた毎日の生活に帰っていきます。その中で、神の御言葉に聞くということを本当に大事にしなければなりません。そこに感謝と祈りが生まれ、私たちが御言葉を語ることができるようになっていきます。このことは、私自身のうちにも起こってくる循環です。

マリアのように御言葉を聞き続けましょう。ここから始まるのです。御言葉を聞いて、そしてイエスをもてなせばいいのです。御言葉を聞いて、隣人を愛する人になりましょう。御言葉を聞いて、御霊に満たされて、また御言葉を語る。このような循環の中に信仰生活を続けていきましょう。

〈第48回大阪ケズィック・コンベンション〉

変えられた人生

ロジャー・ウィルモア

ヨハネ4・1〜26

今晩のメッセージは非常にシンプルなものです。メッセージの目的は、「イエスが一人の人の人生をどのようにして変えることができるのか」、ということです。

この中に出てくる一人の女性の生活は、ある意味で人生を反映していると思います。彼女は罪に負け、自分の生活に全く幻滅しておりました。彼女は自分を満たす何かをこの世の中に求め続けておりました。そのことを快楽に、罪の中に求めました。それこそ人間の心の性質ではないでしょうか。私たちの心を満たし、人生を満たす何かを私たちも求めているのです。

アウグスティヌスが言ったように、神だけがその空洞を満たすことができるのです。このことについて御言葉を見ていきたいと思います。

第一のことは、イエスは、「サマリアを通って行かなければならなかった」（ヨハネ4・4）とあることについてです。普通この地域で、ユダヤ人が南から北に旅をするときはヨルダン川を越えて、その東側を通って行きます。そしてもう一度、ヨルダン川を越えて行くわけです。そうすることによってサマリアを通らなくて済むからです。ユダヤ人はサマリア人を忌み嫌っていましたから、サマリア人と関わりたくなかったのです。

しかしイエスは、このサマリアの真中を通って行かれました。イエスはある意味でこの民族の壁を超え、宗教的な壁を超え、そして文化の壁をも超えて行かれました。イエスがサマリアを選んで通って行かれたのはそういうことです。イエスは罪人を探していらっしゃいます。単にまっすぐ通って行かれたのではありません。イエスは天から地へと私たちを探すために、この世に来てくださったことを忘れないでおきましょう。

第二のことは、イエスは旅の疲れで、井戸のかたわらに腰をおろしておられましたことについてです。「第六時ごろであった」と書かれています。これはちょうどお昼頃のことで、最も暑い時でした。

第三のことは4章7節、「ひとりのサマリアの女が水を汲みに来た」ということについてです。

ユダヤ人はサマリア人を嫌っておりました。また女性は男性から低く見られていましたから、ユダヤ人がサマリアの女性と関わりを持つことは考えられませんでした。しかしイエスは一日のこの時間に、たった一人の人に、それも罪深いサマリアの女に会うためにやって来られました。

イエスは有名人や金持ち、また社会的に影響を与えている人に会いに来られたのではありません。彼女は罪人であり、社会の中ではのけ者にされていた人です。しかしイエスは、神の思いをもってこの一人の女性に会うためにやって来られたのです。彼女を愛してくださいました。そこで出会うことによって、その出会いが彼女を永遠に変えていったのです。

ローマ人への手紙の中で使徒パウロは、「私たちがまだ罪人であったとき、キリストが私たちのために死んでくださったことにより、神は私たちに対するご自身の愛を明らかにしておられます」と述べています。イエスは群衆のところへ来られたのではなく、あなたのところに来てくださったのです。神はあなたを愛しておられます。あなたを救うためにイエスは来てくださいました。

今まで語って来たことを背景として、この女性について二つのことを学びたいと思います。このメッセージはたいへんシンプルだと初めに申し上げました。今晩、皆さんがこの二つの真理をしっかりと理解し、握り締めてこのところから出て行っていただきたいと思います。

第一に、私たちは彼女の人生の悲劇、悲惨な姿を見ていきたいと思います。

第二に、彼女の人生が変えられたこと、変化したということを見ていきたいと思います。

この悲劇や惨劇、そして変化、この両方ともがノン・クリスチャンばかりでなく、クリスチャンにも当てはまるのです。クリスチャンであったとしても、この悲劇的な惨めな生活をすることがあるのです。しかしながらこの変革、変化ということもクリスチャンにあてはまります。

私たちは、その時にイエス・キリストのように変えられます。その変化というものが、まず第一歩なのです。神が私たち一人一人に願っておられることは、私たちが毎日毎日、瞬間、瞬間に変えられていくということです。私の大好きな賛美歌があります。そのタイトルは、「主のように、主のように」で、その内容は「祝福されたわたしの救い主よ、私がずっとずっと望み祈っていること、私の持てる様々なこの世の宝を私は捨て去り、私は完全な姿であるイエスさまのようになりたい」というものです。これこそ私たちの変化、変革の賛美であります。この一人の女性は悲劇から変えられました。なぜ彼女の人生がそれほど悲惨だったのでしょうか。罪が彼女の人生に対してなしたことはあなたの人生にも起こりうるのです。彼女の人生の中に孤独がありました。サタンは私たちに楽しみを与えると約束しますが、やがては私たちを捨て去るのです。

4章6節、7節に、彼女はお昼、一日の中で最も暑い真昼間に、井戸のところにやって来ました。それは、この町の他の女性たちが普段していることとは違うことです。普通の女性は、朝の涼しい頃か、あるいは夕方の涼しい時に水を汲みに井戸端にやって来ました。しかしこの女性はこの井戸にたった一人でいたのです。サマリアの他の女性と交わることをしなかったのです。彼女は村八分にされていました。と言いますのは、彼女は他のサマリアの女性の主人を自分の男とする関係を結んでいたからです。彼女は一人でいただけではなく、本当に孤独でした。

皆さん、この御言葉の中に彼女の孤独を覚えることができるでしょうか。それこそ罪によってもたらされた姿です。また彼女の中に空しさがありました。イエスはこの女性に、「生ける水を与える」と言われました。15節でこの女性は、「先生、私が渇くことがなく、もうここまで来なくてもよいように、その水を私にください」、と言いました。この言葉が表しているのは、彼女の人生が本当に空しかったということです。彼女は自分の人生をいろんな罪や、また様々な男性によって満たそうと思いました。けれども満たされなかったのです。彼女はこの様々な、本当に乱れた関係で自分自身を満たそうと、乱れた関係の井戸から水を汲んで満たそうと思いました。また様々な罪の井戸から水を汲んで飲み、渇きを潤そうとしました。しかしまだ渇いていたのです。そのような間違った井戸から水を汲んで水を飲もうとする人々を私は知っています。そのような人々はいつも渇いたままでいるのです。今晩、あなたは自分の人生のその渇きを何によって潤そうとしているでしょうか。

神の御言葉の権威によって申し上げますが、渇きはイエス・キリストでなければ決して潤されることはありません。15節から、彼女は人生の疲れを覚えていたことが分かります。イエスは言われました。「わたしが与える水を飲む者はだれでも、決して渇くことがありません」（14節）と。すると彼女は、「先生。私が渇くことがなく、もうここまでくみに来なくてもよいように、その水を私にください」と言ったのです。この言葉は、彼女は本当に人生の中で疲れを覚えていたことを表しています。毎日、毎日、彼女はちょうどお昼の頃、最も暑い時に自分のところからこの井戸に水を汲みに来ることを繰り返していました。彼女は孤独であり、人々から蔑まれ、疲れていました。その人生の中で、まさに変化を求めていたのです。

アメリカでは、「人はその底が見えるまで変化を求めない」という言い方があります。この女性はまさに人生のどん底で疲れ果てておりました。この悲劇の中で本当に疲れて打ちのめされて、まさに今、変化を求めていたのです。

今晩この中にいる何人かの方々は同じような状況におられるのではないでしょうか。そして、「私も今、変わりたい」と思っておられるのではないでしょうか。

「私は本当に今、変化のために備えができています」と言えるならば、そのことがこのメッセージの第二番目のポイントに結び付いていきますから、次に彼女の変えられた人生を見てまいりましょう。

何年か前、ケズィック・コンベンションでメッセージをするため、カリブ海のトリニダード・トバコという国を訪問しました。そこに行きました時ある牧師先生に招かれて、家の教会でメッセージを語るように言われました。その家の教会はその人の義理のお父さん、お母さんの家でした。この義理のお母さんというのは、彼女がクリスチャンになる前は実はヒンズー教の祭司でありました。今、クリスチャンの家の教会として礼拝が行われているその部屋、実はそこにはかつてヒンズー教の社《やしろ》があったのです。この女性は自分の家の近所だけではなく、遠いところでもヒンズー教の祭司であることが知れわたっており、有名な人でした。彼女は超自然的なことをしました。悪霊の力を借りて占いをしたり、将来を告げるようなことをしておりました。彼女のところに多くの人々がやって来て、本当に長い長い列を作って自分自身の将来のこと、これからのことを告げてもらおうとしたのです。

彼女の主人もまた熱心なヒンズー教徒でした。二人の娘がおりました。その娘さん二人がまだティーンエージャーの頃にイエス・キリストを信じてクリスチャンになったのです。そのうちの一人がイエスを信じるクリスチャンの説教者と結婚したのです。ですからこの夫婦は、自分の両親のために、行くところどころで、「祈ってください」と言って皆さんに祈ってもらいました。このヒンズー教徒の女性は、「私はキリストなんて必要ない」と拒否しておりました。その彼女の大きな部屋の中にヒンズー教の祭壇が置かれていたのです。そこでヒンズーの神々を拝んでいたのです。私はその女性の証しを聞きました。私がその家に説教をするために行った時、まさにその女性が証しをしてくださったのです。彼女はその祭壇のところにいて、ヒンズー教のための儀式をしていたのです。

彼女は自分の信ずるヒンズー教の神々を礼拝していました。しかしそのとき突然彼女の口から、「イエスさま、イエスさま、イエスさま」という言葉がほとばしり出てきたのです。そのことで彼女自身、本当に恐れました。ショッキングでした。なぜ自分は、「イエスさま」と叫んでいるのか、と彼女は思ったのです。そんなことが起こっていることをなんとか落ち着かせようとしました。彼女は続けてヒンズー教の礼拝の儀式を続けようと思いました。けれども口を開くたびに、口から出てくるのは、「イエスさま、イエスさま、イエスさま」という言葉でした。彼女は本当に恐れをもって自分のベッドルームに行き、そこでひざまずいて、「神さま、もしあなたが真実な御方でしたら私を救ってください。救ってください」と叫んだのです。その女性は本当にまことに驚くべきことですけれども、救われたのです。

彼女のご主人も救われました。彼女も主人も自分の家にあったヒンズー教に関わる様々なもの、祭壇や様々な札も全部取り除きました。私がそのところでメッセージをした時、まさにその講壇があったところに、かつてはヒンズー教の祭壇があったのです。

皆さんは、なぜ先生はこの話をするのかと思っていらっしゃるでしょう。イエスは今の今も、人々の人生を変えることができる御方として、私たちに関わっていらっしゃるということを皆さん方に伝えたかったのです。あなたの人生を変えることができます。この変化が起こったのはなぜか。それはイエス御自身が捜し求めてくださったからです。私たちの救い主は話したい、そして救いたいと願っていらっしゃいます。この御方は捜し求めてくださる救い主だけではありません。その方は私を愛してくださる救い主です。

14節にありますように、「わたしが与える水を飲む者はだれでも決して渇くことがありません」。イエスはあなたを愛していらっしゃいます。御自身のご栄光のために、本当に意味と目的をもった人生をもってほしいと願っていらっしゃるのです。イエスは、「私は来た」というのは「あなたは私を得、命を得、それを豊かにもつためである」と語られました。それこそケズィックのメッセージです。ヨハネ福音書10章10節には、「わたしが来たのは、羊がいのちを得、またそれを豊かに持つためです」と。

このイエス・キリストは私たちを捜し求めてくださり、愛してくださるだけではありません。この御方は力強い救い主であることを覚えましょう。あなたの罪がどれほど大きかったとしても、あなたがどれほど離れていたとしても、イエスはあなたを変えることができ」ます。クリスチャンとしてあなたが神に逆らい神に不従順な生活をどれほど続けていたとしても、イエスにはあなたのところにまで行ってあなたを変える力をもっていらっしゃるのです。この一連のヨハネの4章から始まります一人の女性の話は、彼女はやがて町に行くところで終っていきます。彼女はサマリアに入って行きました。この女性はそのサマリアに行って、英語の聖書では男性の人々に、「イエスに出会った」と書かれています。なぜ男性に、「イエスに出会った」ことを語ったのでしょうか。ある聖書学者は、彼女は自分が以前不適切な関係を持っていたその男性たちのところに行って、「私はイエスさまと出会って、イエスさまが私自身を変えてくださった」ということを告げに行ったのだと語っています。この女性は変えられました。

使徒パウロは語ります。「だれでもキリストのうちにあるなら、その人は新しく造られた者です。古いものは過ぎ去って、見よ、すべてが新しくなりました」(Ⅱコリント5・17)と。

今晩、あなたの前に選択肢があります。あなたはこの悲惨な状況、悲惨な生活を続けるか、それとも一新された変えられた生活を送るか。その選択があなたの前にあります。あなたはこの罪の結果によって本当に打ちのめされた悲劇的な生活を送るか、イエスによって変えられた平安と喜びに満たされた生活を送るか、その選択肢が目の前にあるのです。

私たちの生涯を変えることのできるその力を持っている救い主のことについて学びました。今、私たちは心を合わせて祈りたいと思います。どうぞお一人お一人心を開いて、聖霊があなたの心に語りかけてくださるその語りかけに聞いていきましょう。しばらく静まって神の御声を聞きましょう。

（文責・吉木 裕）

〈第48回大阪ケズィック・コンベンション〉

振り向かれる主

錦織 博義

ルカ22・54〜62

「この人が、あの人が」と思うような人が、イエスを裏切ることがあるが、また、「この人が、あの人が、まさかあの人が」と思うような人が主に立ち帰ることがあります。その一人がペテロではないでしょうか。

ペテロの生涯のうち最大の失敗は、確かに、主イエスを否定して、「背教」の罪を犯したことでした。しかしこのようなペテロをも主はお見捨てにならず、優しい眼差しで彼を見つめられたということです。この主イエスの、「眼差《まなざ》し」が、ペテロを絶望から救ったのです。そのように背教したペテロをも、再び使徒団のリーダーの地位に回復された主イエスの憐れみと愛、ペテロに対する信頼の大きさに私たちは深い感動を覚えます。

◇人となり（1節）

ペテロはガリラヤのベッサイダの人です。彼は妻と義母と一緒に住んでいたようです。彼の弟は、アンデレでした。このアンデレがバプテスマのヨハネの導きで、まず主イエスの弟子になりました。アンデレは、ペテロとは違って非常におとなしい人柄の人ですが、早速、ペテロを主イエスに導いたのです。この辺の消息はヨハネによる福音書1章に記されています。

「彼はまず自分の兄弟シモンに出会って言った、『わたしたちはメシヤ（訳せば、キリスト）にいま出会った』。そしてシモンをイエスのもとにつれてきた。イエスは彼に目をとめて言われた、『あなたはヨハネの子シモンである。あなたをケパ（訳せば、ペテロ）と呼ぶことにする』」（ヨハネ1・42）。

このところに、「イエスは彼に目をとめて言われた」とありますが、これはルカ22章61節、「振り向いてペテロを見つめられた」と同じ言葉が使われています。主イエスは、このシモンの心を見通すような眼で見つめられました。彼にアラム語で、「ケパ」、ギリシャ語で「ペテロ」という名前を与えられました。このペテロという語の意味は「岩」です。ペテロの性格は福音書をご覧になると分かるように、非常に衝動的で、感情的です。

先に彼は、「ガリラヤ出身」と申しましたが、このガリラヤ地方にしばらく総督（日本で言うならば知事）をしていたヨセファスという歴史家が次のように書いています。「彼らは改革や変化を好む。また気短で喧嘩好きである。そして簡単に反乱のリーダーに従う」と。またユダヤ教のタルムードには、「ガリラヤ人は金銭よりも名誉を重んじる。そして冒険のアピールに動かされ易い」と書かれています。

そのように、ガリラヤ人のペテロは、決して思慮深い人とは言えませんでした。彼は自己主張が強く、まず行動し、後になってから考える、というタイプの人であったようです。彼のうちには勇気と臆病が共存していました。実力者ではありますが、安定性がありません。殊に自分の舌、言葉をコントロールできない人でした。しかしこのようなシモンを、主イエスはペテロ（岩）にすると言われたのです。イエスが言われた後で彼が何も言っていないところを見ると、彼は思いがけない主イエスの言葉に驚いて、言葉が出なかったに違いありません。「二の句も告げない」という状態であったでしょう。主イエスは、「ペテロよ。あなたは将来、岩のように信頼されるリーダーになるのだ」と言われました。

◇人となり（2節）

主イエスには十二人の直弟子がいましたが、ペテロは最も人間味豊かな弟子の一人です。誰でもこのペテロに親近感を抱くでしょう。ペテロを嫌う人は、クリスチャンの中に恐らくいないでしょう。彼は熱いか冷たいかで、生ぬるいのが嫌いで、中途半端が嫌いでした。彼は別に高等教育を受けた人ではないのですが、知識欲は旺盛で、好奇心の強い人でした。彼はいつも弟子たちのスポークスマン（報道官）になります。主イエスに度々、質問します。例えば、「兄弟がわたしに対して罪を犯した場合、幾たびゆるさねばなりませんか。七たびまでですか」（マタイ18・21）と言っています。「主よ、あなたを裏切る者は、だれなのですか」（ヨハネ21・20）とも言っています。これは最後の晩餐の席上、主イエスが、「あなたがたのうちのひとりが、わたしを裏切ろうとしている」（マタイ26・21）と言われた時のペテロの質問です。また、わたしはあなたがたを離れて、「父のところに行く」（ヨハネ16・17）と主イエスが言われたのに対して、「主よ、どこへおいでになるのですか」（同13・36）と尋ねたのもペテロです。

それからヨハネによる福音書21章にあるように、ペテロが殉教することを予告された時、ヨハネの方を振り向いて、「主よ、この人はどうなのですか」（21・21）と問うています。これらはほんの一部で、他にいろいろ質問しています。先にも話しましたように、彼の性格は非常に感情的です。純粋と言えば純粋です。

ルカによる福音書5章を見ると、彼らは夜通し漁をしたが一匹の魚も獲れませんでした。ところが夜明け方、主イエスが沖に舟を漕ぎ出して漁をするように言われました。彼らは専門の漁師でありながら不漁であるのに、素人のイエスが言われる言葉を不審に思いながらも、イエスの言葉に従って網を降ろしたところ、網が裂けるほどの大漁でした。その時ペテロは言いました、「主よ、わたしから離れてください。わたしは罪深い者です」（8節）と。ところが、嵐の湖上、朝の四時頃、主イエスが海の上を歩いて来られるのを見た弟子たちは、「幽霊だ」と恐怖のあまり悲鳴をあげました。主は、「わたしである。恐れることはない」と言われました。彼は、「主よ、あなたでしたか。では、わたしに命じて、水の上を渡ってみもとに行かせてください」（マタイ14・28）と言いました。主イエスが、「おいでなさい」と言われたので、ペテロは舟から下り、海に足を踏み入れました。

彼はそういう人です。また、主イエスが復活され、ガリラヤ湖で彼らが漁をしていた時、夜明け方、岸辺に立っている人を見て弟子のヨハネが、「あれは主だ」と言った途端に、彼は一刻も早くお会いしたいと思ったのか、海に飛び込み、主イエスの許に泳いで行ったのです。

こうした性格のペテロの最大の失敗は、大祭司カヤパ邸の内庭で、「お前はイエスの弟子だろう」と言われた時、イエスと私とは何の関係もないという思いで、三度まで激しい口調で、「そんな人は知らない」と言ってしまったことです。

もちろん、こうした重大な背教の罪は、その夜の突然の出来事でありますが、それまでに経緯がありました。それはマタイによる福音書16章です。主イエスがピリポ・カイザリヤ地方に行かれた時、主イエスは弟子たちに、「あなたがたはわたしを誰と言うか」と尋ねられました。その時ペテロは弟子団を代表してだと思いますが、「あなたこそ、生ける神の子キリストです」と信仰の告白をしました。しかしその直後、主イエスは自分が、「エルサレムに行き、長老、祭司長、律法学者たちから多くの苦しみを受け、殺される」と予告されました。その時ペテロは主イエスをわきへ引き寄せて、「主よ、とんでもないことです。そんなことがあってはなりません」と言いました。というのは彼は、「あなたこそ生ける神の子です」と言っているのだから、主イエスが十字架につけられて殺されるなどとんでもないことであると、確信をもって言ったのです。

それを聞かれた主イエスは「振り向いて」、ペテロに、「サタンよ、引きさがれ。わたしの邪魔をする者だ」と激しい口調で言われました。それはペテロが悪魔の一役を買っているという意味です。主イエスは十字架を目指して、エルサレムに行かれるお方です。それをペテロが、十字架なんてとんでもないとイエスを引き止めようとしたのですから、主イエスは、お前は邪魔をするのか、と一喝されたのです。

また最後の晩餐の席で、「たとい、みんなの者があなたにつまずいても、わたしは決してつまずきません」、「たといあなたと一緒に死なねばならなくなっても、あなたを知らないなどとは、決して申しません」と豪語したのです。

それからゲツセマネの園で血の汗を流して必死に祈っておられる時、そういう重大な時に、主イエスを助けて心を合わせて祈るべきペテロ、ヤコブ、ヨハネの三人の直弟子は熟睡していました。それから裏切り者のユダが先頭に立って役人一行を連れてやって来て、主イエスを逮捕しようとした時、ペテロは刀を抜いて大祭司の僕マルコスの耳を切り落としました。

その後、裁きの庭に連れて行かれた時、ペテロは遠く離れてイエスについて行きました。そして寒い晩であったので、大祭司カヤパの中庭で焚火をし、イエスを罵倒している群衆の中に混じって、彼も焚火で身体を暖めていました。その時、傍にいた人たちから、「確かにあなたも彼らの仲間だ」と言われた時、「その人のことは何も知らない」と言ってしまったのです。

ですから、これはあの夜の突然の出来事のようですけれども、それ以前に彼の堕落が心の中で始まっていたのです。十字架を避ける心、「たとい、みんなの者があなたにつまずいても、わたしは決してつまずきません」という「傲慢」、祈るべき時に祈らず、遠く離れてついて行く、といったことが彼の背教の重大原因です。

◇ペテロを岩にされた主イエス

ところで、大祭司の使いの一人の女性が彼を見つめて、「あなたもあのガリラヤ人イエスと一緒だった」と言った途端、彼はそれを打ち消し、「あなたが何を言っているのか、わからない」と言い、その言葉が終らないうちに、鶏が鳴いたとあります。その時、主イエスは「振り向いて」ペテロを見つめられたのです。

これは、「だから言っただろう」といった突き刺すような視線ではなく、「お前はペテロだ。やがて『岩』のような信頼できる人になるのだ」といった、慰め、励ます眼差しでした。

ペテロは真っ暗な外に出て —— 彼の心中がもっと暗かったであろう —— そして号泣したのです。それから三日間、ペテロは絶望の淵をさ迷いました。彼は自殺しようかと思ったかもしれません。しかしその間、あの主イエスの眼差しが彼を支えたのです。

そして復活の日の朝、神のみ使いが墓の前で女たちに、「イエスはよみがえって、ここにはおられない。……今から弟子たちとペテロとの所へ行って、こう伝えなさい。イエスはあなたがたより先にガリラヤへ行かれる。……そこでお会いできるであろう」（マルコ16・6〜7）と言われました。「行って弟子たちに伝えなさい」でいいでしょう。それなのに、「ペテロの所へ行って」と、「ペテロ」の名前をわざわざ言われたのです。背教の罪を犯して使徒の職から脱落したペテロに、「そのことを告げなさい」と言われたのです。

また、エマオへの途上で主イエスにお会いした弟子たちが、すぐに立ってエルサレムに戻ったとき、十一弟子は、「主はほんとうによみがえって、シモンに現れなさった」とエマオの道から戻って来たこの二人の弟子たちに言っています。

またコリント第一15章5節にも、「ケパに現れ」と書かれています。これは神聖な場面だから、聖書はイエスとペテロとの一対一の会談の模様を記していません。イエスの前に泣き崩れ、イエスに取りすがって赦しを求めたペテロの姿が想像できます。

今や彼のうちには、高ぶった思いはありません。「器 空しければ響きは大きい」というシエイクスピアのドラマにあるように、内容が空っぽだと騒ぎ立てます。だがその反対に深い河ほど音を立てずに静かに流れます。本当の愛は、地下を流れる水のように、騒音を立てません。これに対して主は、「わたしの小羊を養いなさい」と言われました。

真実の愛は、夜の闇の中を迷っている、一匹の羊を探し求める忍耐強い奉仕のうちに現わされます。ペテロはそれまでは、当然のことながら、自分で帯を締めて、思いのままに振舞って来たけれども、復活の主からもう一度使徒職を回復され、愛と謙遜をもって信者たちのお世話をするようになってからは、「ほかの人がペテロの帯を結び」、ペテロの願わない所に連れて行くのです。それは十字架の道です。

彼はこうして身勝手な自由は失いましたけれども、ペンテコステの日に聖霊に満たされてからは、主イエスの愛に応えて、身も心もささげ、「み心のままに」という生活に入るのです。彼はだんだんと成熟した主の弟子となり、ペテロ、すなわち「岩」という名のように信頼される人となって行きました。

主イエスはシモンを、その約束のごとくペテロ、「岩」にされました。そしてこのペテロはその手紙の中で、「……不動のものとして下さるであろう」（Ⅰペテロ5・10）と勧めています。

あなたは主を裏切り、「もうダメだ!」と思っていませんか。いいえ、主は振り返って、あなたを見つめ、その眼差しはあなたを立ち直らせ、「岩」のように不動の者としてくださいます。

〈第47回北海道ケズィック・コンベンション〉

私たちの任務

Ⅱコリント2・14〜16

久保木　勁

今朝は、「私たちの任務」についてお話しようと思っています。私たちクリスチャンの任務、それは「神の恵みの福音を宣べ伝えること」であり、「神の恵みの福音を証しすること」です。偉大な伝道者パウロは、使徒行伝20章24節で、「わたしは自分の行程を走り終え、主イエスから賜った、神のめぐみの福音をあかしする任務を果し得さえしたら、このいのちは自分にとって、少しも惜しいとは思わない」と言い切っています。

クリスチャンには、「命がけで果たすべき任務」があるのです。「任務」という言葉が、英訳聖書では、「ミニストリー」（務め）となっています。私たちには、「命がけで果たすべきミニストリー」があるのです。

特に、「ケズィックの流れ」に導き入れられた私たちには、「ホーリネスの恵み」、すなわち「聖書的・

実践的・個人的ホーリネスの恵み」を宣べ伝え、証しする務めが与えられています。

その任務（ミニストリー）を果たすには、二つのことが必要不可欠です。その一つは、「ホーリネスの恵みを語るメッセージ」であり、もう一つは、「ホーリネスの恵みを生きる証し」です。この時代に、「ホーリネスの恵みを語るメッセンジャー」も必要ですが、特に、「ホーリネスの恵みを生きる証し人」が必要です。

それでは、「ホーリネスの恵みを生きる証し人」とは、いったい、どんな人なのでしょうか。

一、世の光・地の塩として生きる証し人

一つには、主イエス・キリストが語られたように、「世の光」となる証し人です。それは、人々の目にとまる、注目される存在です。もう一つには、「世の光」とは対照的に、目にはとまりませんが、多大な影響・感化をもたらす、「地の塩」の働きをする存在です。

「光」は、「見える働き」をします。飛行機で、冬の晴れた夜に北海道に帰って来た時、あの一万メートルもの高度から、真っ暗な山間部に、はっきり見えていたのは、スキー場の照明でした。

一昨年の幼稚園のクリスマス礼拝（キャンドル・サービス）の中で、この私がアカペラで独唱した「こどもさんびか」があります。「星のように」という、私が子どもの頃に歌ってた、古い、古い『こどもさんび』なのですが、思い出すままに、お話の中で歌ったのです。意外にも、園児の母親たちか

ら、教師を経由して、「とても感動した」との感想を耳にしました。今、恥を忍んで歌ってみますので、聞いてください。

星のように　愛の光を
暗い隅に　照らしましょう
星のように　正しい道を
迷う人に　示しましょう
星のように　いつも目覚めて
愛のわざを　努めましょう
（おりかえし）
歌え　いざ歌え　讃《たた》えの歌を
照らせ　いざ照らせ　愛の光を

このように、「見える働き」をする「光」とは違って、「塩」は「見えない働き」をします。腐敗を止めます。味をつけます。消毒もします。赤ちゃんの産湯に、お湯ではなく塩を使う病院があることを、教会員の出産の時に知りました。

さらに、「塩」は命を維持します。塩分なしに、水分だけでは、命をつなぐことはできません。象が群れをなして、難路を、山奥深く旅する様子を、テレビで観たことがあります。目的は、岩塩を舐めに行くためでした。塩のある場所を知っていたのです。

このように私たちには、「世の光として生きる」、そして「地の塩として生きる」任務が与えられているのですが、さらに加えて、もう一つの任務があります。それは、先に朗読された第二コリント2章でパウロが述べているように、「キリストの香り」として生きることです。

二、キリストの香りとして生きる証し人

そのことは、召されて8年経ちましたが、癌を患い、6年間、「ターミナルを生き抜いた」家内を通して、痛感させられたことでした。家内は、入退院を繰り返す抗癌治療の中で、「キリストの香り」を放ち続けました。慰められ、励まされ、心癒された人々が少なくありませんでした。

どなたもご承知のことと思いますが、癌病棟には切り花も鉢植えも、生の花は一切持ち込み禁止になっています。抗癌治療中には、副作用の一つである「吐き気」など、モノの臭いが、花の香りでさえ、影響を与えることがあるからです。

ですが、ある日、家内曰く、「病室では、『香り』であることが必要なの」と。

お名前が「香《かおり》」という方が、女性の中に多く見られます。北海道聖書学院の蔡《さい》先生の奥様が、「香」

さんですね。また、このコンベンションでも、北海道聖書学院の神学生の賛美の指揮をしておられた菜花《なばな》先生の奥様も、「香」さんですね。私どもの教団にも、若手の牧師夫人で、「香」さんという方がおられます。『希望』という、私どもの教団の「教会教育教案誌」に、昨年、ご自分の証しを寄稿されていました。ご本人の了解を得た上ではありませんが、コピーを持って来ましたので、ご紹介します。「キリストの香りとして生きる」と題した一文です。

〈近年、我が子に個性的な名前をつける親が増えてきています。読み方も、また名前にあてる漢字も複雑になっています。こういった名前を「キラキラネーム」というのだそうです。私は牧師家庭に生まれ、第二コリント2章15節のみ言葉から、「香」と名付けられました。「キラキラネーム」とは正反対の、いたって平凡な名前です。幼い頃、私は、「自分は、ほかのかおりとは違うんだ。私は『キリストの香り』なんだ」と、その名の由来のことはよく知らずに、誇りにしていました。

第二コリント2章15〜17節を見ると、使徒パウロは、キリストの福音を宣べ伝える働きを、イエスの凱旋行列にたとえています。そしてパウロは、自分もその中におり、自分をとおして「キリストを知る知識」の香りが放たれている、と言っています。

この当時のローマ帝国において、凱旋将軍の行列では、官吏や上院議員が先頭に立ち、ラッパ隊、戦利品、いけにえの動物、捕虜たち、そしてその次に、かんばしい香りを放つ香炉を振りながら歩いてくる祭司たちが続き、いよいよ将軍が戦車に乗って現われます。

祭司の振る香炉が放つ香りは、将軍の登場を予告し、将軍の勝利を人々に告げ知らせる役目を果たしていました。15節を見るとパウロは、自分たちはキリストの勝利を告げ知らせる、かんばしい香りなのだ、と言っているのです。私たちは、救われる者にとっても滅びる者にとっても、「神に対するキリストの香り」なのです。

このことを或る日の説教で聞いた時、私は、えらい名前を付けられてしもうた、ほんまに親の思いがいっぱい込められた名前やなあ、と思いました。パウロ自身、「このような任務に、だれが耐え得ようか（口語訳）」、「このような務めにふさわしい者は、いったいだれでしょう」（新改訳・共同訳）、と書いています。

宣教の業には、いろんな役割があります。キリストの香りであることは、直接イエスさまのことを語るのではなく、それぞれが遣わされている場所に存在し、生きることによって、その役目を果たしていくのです。私たちの言動一つ一つを通して、キリストの愛を伝えていく。確かに、それは語ることよりも難しく、一つ一つの振る舞いが大事であることを意味しています。キリストが絶えず共にいて働いてくださることによって、それができるのです〉。

「香り」は、「光」のように見えるものではありません。「塩」のように見えないものですが、暗闇の中でも、姿・形が見えなくても、「発生源の存在」を示す働きをしています。たとえば、本州なら、沈丁花（ジンチョウゲ）や、木犀（モクセイ）や、蜜柑（ミカン）の花の香りは、夜道を歩いていても、そこに沈丁花の木が、木犀の木が、蜜柑の木があることを教えてくれます。北海道なら、アカシヤや、ラベンダーというところでしょうか。「キリストの香り」は、「キリストの存在」を示すのです。声高に語るのではなく、存在し、生きることによって、その振る舞いによって、キリストを証ししていくのです。

「光」も「音」も消えていきますが、香りは残ります。「残り香」と言って、その人がいなくなっても、「香り」は残ります。

このように申し上げると、「いったい、このような任務に、だれが耐え得ようか」（口語訳）、「このような務めに、だれがふさわしいでしょうか」と思われる方があるかもしれません。

三、「不可能」が「可能」に

こんなものを用意してきました。皆さん、ご覧になれるでしょうか。拡大コピーして作ってきたものです。実は、東芝のテレビ・コマーシャルなのですが、最初に、〝Impossible（不可能）〟という英語が出て来ます。次に、〝I〟と〝m〟の間にアポストロフィー（＇）を加えると、"I'm possible"（できる）に変わるのです。アポストロフィー（＇）一つで、「不可能」が「可能」に、「できない」が「できる」に変わるのです。

ピリピ4章13節でパウロは、口語訳では、「わたしを強くして下さるかたによって、何事でもすることができる」、新改訳では、「私を強くしてくださる方によって、どんなことでもできるのです」、新共同訳では、「わたしを強めてくださる方のお陰で、わたしにはすべてが可能です」と述べています。私たちクリスチャンにとって、アポストロフィー（＇）は、まさに「主」に他なりません。

よく、「キリスト教や教会の話をしても、話を聞いてくれない」、「トラクトや読み物を渡しても、読んでくれない」、「教会にさそっても、来てくれない」と、嘆く声を耳にします。かつて、「くれない族」という言葉が流行したことがありましたが、お互いに、「くれない族」にはならないようにしたいものです。ここから帰れば、厳しい現実が待っていることでしょう。しかしそのただ中で、主によって強められて、「世の光」として、また「地の塩」として、さらには「キリストの香り」を放つ者として、生き続けようではありませんか。

〈第23回九州ケズィック・コンベンション〉

主イエスに近づく五つの道

ビル・ニューマン

ルツ記3・1〜9

昨晩、ルツ記からメッセージをいたしました。ルツ記は贖いの物語であります。エリメレクという人がベツレヘムという祝福された地を飢饉のゆえに離れ、モアブという呪われた地に行きました。それは悪い選択でした。その地において彼は死に、彼の息子たちも死にました。妻のナオミはもう一度ベツレヘムに戻ろうと決心します。二人の嫁オルパとルツには自分の国であるモアブに戻るように勧めました。オルパはナオミにキスをして自分の国に戻っていきますが、ルツは「私はあなたと一緒に行きます。あなたの神は私の神です」と言って、ベツレヘムに行きました。放蕩息子のように、ナオミは持っていたすべてを失ってしまいました。そして悪魔は彼女に何も与えようとしないのです。

ルツ記2章は神の恵みを教える素晴らしい章です。この物語のヒーローに出会います。ボアズという人です。ボアズは豊かで理解力があり、コミュニティにおいて重要な人物でした。ボアズはイエス・キリストを表し、ルツは教会を表しています。この出会いに、神の恵みが人生の中にどのように働くかを見ることができます。私たちは恵みを受けるに価しませんが、神の恵みは私たちに向かって注がれています。ボアズはイエス・キリストを予表しています。イエス・キリストはベツレヘムで生まれ育ちました。ボアズはルツの家の血縁者ですが、イエス・キリストもこの世界に来て私たちの血縁者となってくださいました。ボアズは裕福でしたが、イエスは天上において豊かな富を持っていました。しかし、彼は貧しくなられました。それは私たちが豊かになるためです。ボアズは自ら進んでルツを買い戻し、取り戻そうとしますが、イエスも同じように喜んで私たちを買い戻し、取り戻すために御自分の命をささげてくださったのです。

捜し求める恵みがあります。ボアズは、「この女性はいったい誰だ?」と言いました。ルツはとても美しい女性であったと聖書は言っています。ボアズはその人を知りたいと思いました。同じようにイエス・キリストは私たちを求め、捜すために来られました。私たちが主を愛する前に主があなたを愛してくださり、私たちがまだ罪人であった時にイエスはすでに私たちのために命を捨ててくださったのです。ここには満ち足らせる恵みがあります。ルツのために食物が足りるようにとボアズは取り計らい、雇い人たちにもっと落ち穂を落としなさい、また水を飲むことができるようにしてあげなさいと言いました。イエスは私たちの全ての必要を満たしてくださる御方であります。

安全を与える恵みもあります。ボアズはこの女性を守りなさいと言いました。ルツはこの翼のもとに身を寄せました。私たちが天に行く時、この地上の生涯においてどれほどイエスが守ってくださっていたかということに気づくでしょう。天使が私たちを守っていますが、それを見ることはできません。音波や電波を肉眼で見ることができないように、多くのことが起きているけど肉眼で見ることはできないのです。神は私たちのために御使いを遣わし、私たちが罪に陥らないように守ってくださっているのです。

子どもが小さかった頃、道を渡る時に私は子どもの手ではなく手首をつかんでいました。子どもも私と手をつなぎますが、私は子どもの手が離れないように手首をしっかり握ります。神も同じように私たちを守ってくださいます。神の偉大な恵みが私たちを神のもとに引き寄せてくださいます。しかしクリスチャンは大体ここで止まってしまうのです。「私は信仰者です。私は教会に行っていますし聖書も読みます。お祈りもします」。しかしクリスチャンの信仰というのはもっと、もっと豊かなものです。ですから私たちはルツ記3章にやってくるのです。

イエスに近づく五つの道をお話ししたいと思います。パウロは「私はイエスさまをもっと知りたい。そしてイエスさまの復活の力にあずかりたい」と言いました。たくさんのクリスチャンが本当のイエス・キリストの力を体験していないのです。

一、自分自身を洗い聖めなさい

イエスが道を歩いておられた時、人々はイエスの周りに押し寄せました。長血を患っている女性がイエスのそばに来て、群衆に押されながらもイエスの裾の端に触れました。イエスは立ち止り、「いったい誰が私に触ったんだ？」と言われました。弟子たちは「あなたの周りに人がいっぱいいます。誰が触ったというのでしょうか」と言いました。イエスは見渡して彼女の目を見られました。彼女は触れた瞬間に癒されたのです。

私たちはイエスの周りにはいますし、近くまでは行きます。しかし、実際にタッチしていないのです。どのようにしてイエスに近づくことができるのでしょうか。「あなたは身を洗って油をぬり」（3・3）、ナオミはルツに身を洗いなさいと言いました。畑で一日働いたら汚れます。私たちがイエスに近づく時にしなければならない第一のことはこれです。新しく聖められるということです。私たちは昨日の勝利を感謝しますが、昨日の経験、過去に生きるのではありません。現在に生きるのです。「心を清くせよ」（ヤコブ4・8）、「……聖きを全うしようではありませんか」（Ⅱコリント7・1）、「あなたがたは身を洗って、清くなり」（イザヤ書1・15〜16）、「おのれを清く保て」（イザヤ書52・11）。私たちがイエスに近づくためには聖くされなくてはならないのです。

私たちはどのようにして聖められるのでしょうか。

二、神の御言葉によって

第一は神の御言葉です。御言葉には力があります。御言葉を読む時に、私たちの霊が聖められていきます。聖書は私たちに罪を示すことによって聖めてくださいます。「言葉によって、教会をきよめて聖なるものとするため」（エペソ5・26）、「清く保つことができるでしょうか。み言葉にしたがって、……」（詩篇119・9）。神の御言葉を大切にする時、この御言葉によって私たちは聖く保たれます。御言葉を読んでください。その御言葉が私たちを内側から聖めていくのです。

第二にキリストの血潮によって聖められます（Iヨハネ1・7〜9）。あなたが暗い部屋に入って行くならばすべてのものが美しいように見え、大丈夫だと思ってしまいます。しかし灯りを点けると、いろんな所にほこりがあるのが見えます。自分は大丈夫だと思っていても神の御言葉のライトで照らされるならば、御霊が私たちの内にあって正しくないと示してくださるのです。詩篇の記者は、「わたしに悪しき道のあるかないかを見て、わたしをとこしえの道に導いてください」（詩篇139：24）と言いました。

多くのクリスチャンは高慢になり、自分のうちに罪があることに気づかずに過ごしています。なぜなら彼らは御言葉を知らないからです。しかしキリストの十字架のもとに行き十字架の前にひざまずく時、美しいイエスの御体から血が流れるのを見る時、カルバリの丘で流された血潮を見る時、自分の罪に気づくのです。父なる神は御子の血が流れるのを見ておられました。私たちが聖められるのは御子の血潮によってのみです。この血潮だけが私たちの全ての罪を聖めることができるのです。この血潮の中に力があるのです。ですから私たちはこの十字架のもとに行かなくてはなりません。そして、「主よ、私を聖めてください」とお願いするのです。

三、美しい香りを身につけなさい

私たちは聖別されてよい香りを放ちます。旧約聖書においては花嫁や祭司に油が注がれました。私たちに注がれる油は聖霊を意味します（Ⅰヨハネ２・27）。この美しい香りは聖霊において放たれる香りです。ナオミはルツに、「油を塗りなさい」と言いました。美しい香りは聖霊によって満たされるものです。「御霊に満たされなさい」（エペソ５・15〜20）、これは命令です。神さまはすべてのクリスチャンが御霊に満たされることを望んでおられます。特別な人だけではありません。あるクリスチャンはこの力が聖霊から来ることを知らないのです。サムソンも力がどこから来たのか知りませんでした。聖霊は聖い霊です。憎しみや争いはこの世の死んだ業であり、聖霊を悲しませます。悪霊はそのように仕向けるのです。

また聖霊に抵抗するという態度があります。木は電気の流れを邪魔しますが、金属は電気を妨げないで流れさせます。皆さんの人生も同じです。聖霊を妨げて抵抗することもできますし、聖霊が自由に働かれるように、流れるようにすることもできます。聖霊の火を消してはいけません。

ある若者がイエスのために燃えていましたが、年配の方がその若者を批判して攻撃し、せっかくの炎が消えてしまうということがありました。私たちは聖霊の火を消してはならないのです。

四、聖霊に満たされなさい

どのようにして聖霊に満たされるのでしょうか。

私たちは礼拝をささげるためにも聖霊に満たされる必要があります（ヨハネ7・37〜39）。イエスは祭りの終わりの日にエルサレムに行かれました。ユダヤにおいて最も重要な祭りでした。大祭司が救いの井戸から水を汲んで喜びの歌の中を進んで行く素晴らしい象徴的な礼拝です。しかし、イエスはそこから退かれ、我慢できずに人々の中に出て行かれてこの言葉を叫ばれたのです。「だれでもかわく者は、わたしのところにきて飲むがよい。わたしを信じる者は、聖書に書いてあるとおり、その腹から生ける水が川となって流れ出るであろう」（ヨハネ7・37〜38）。それは聖霊のことです。私たちは教会で礼拝をささげ、賛美を歌い、メッセージを聞くことができます。毎週、同じようにささげますが、必要なのは聖霊の力に満たされた礼拝なのです。

私たちは結婚生活においても聖霊に満たされる必要があります。夫と妻が互いに仕え合わなくてはなりません。どのくらい夫は妻を愛さなければならないのでしょうか。イエス・キリストが教会を愛されたほどです。イエス・キリストは犠牲を払って愛され、教会のためにすべてを与えられました。これが愛なのです。愛というのは何かを得るものではなく与えることです。ほとんどの結婚は条件付きの愛の上に立っています。「私はあなたを愛します。なぜならハンサムだから、美しいから」、「私はあなたを愛します。もしこれをやってくれるなら」、条件付きの愛です。しかし神の愛は無条件の愛です。家庭にもこのような種類の愛が必要です。夫と妻は異なった考え方をします。年月が流れる中で変わって行きます。人生を共にしながらお互いを理解して行かなくてはなりません。LOVEが大切です。

先ずはLOVEのLです。L：listen 聞く、互いに聞き合わなくてはなりません。ですから私たちは耳が二つ、口は一つなのです。次は、O：Overlook 過ちを見逃す。そして、V：Value お互いの関係を尊いものとする。私たちは永遠に続くものではありません。夫が先立つかもしれないし、妻が先かもしれません。決してお互いを当然のものと見ないでください。最後は、E：Encourage お互いを励まし合いなさい。聖霊が私たちの結婚生活の中に入って来なければならないのです。

私たちの戦いにおいても聖霊が必要です。私たちは戦いの中にいるからです。サタンは私たちを滅ぼそうとします。私たちは神の武具を身に付けなくてはなりません。真理の帯、正義の胸当て、平和の福音のくつ、信仰の盾を取って飛んでくる火の矢を消すのです。救いのかぶとをかぶり、私たちの思いを守ってくださる御霊の剣（神の言）を取るのです。敵と戦うために聖霊が必要です。また、証しの生涯のためにも聖霊が必要です。

では、どのようにして聖霊に満たされるのでしょうか。全き明け渡しが必要です。「イエスさま、あなたの尊い血潮によって私を聖めてください。主よ、聖霊の力で私を満たしてください」。そして聖霊が私に満たされたと信じるのです。聖霊に満たされるということは聖霊にコントロールされるということです。聖霊に満たされる時に私たちの人生が変えられます。神の御言葉は聖霊を満たすと約束してくださっています。だからそれを信じるのです。

五、古い衣を脱いで、きれいな衣を身につけなさい

私たちは古い衣を脱いで、喜びの衣を身に着けなくてはなりません。ラザロはよみがえった時に古い衣を身につけていました。すべてのクリスチャンは何かの悪い習慣を身につけていることがあります。それは罪に捕えられているということです。

アフリカで猿を捕まえる時、ココナツに穴を開けて中にチーズを入れます。猿はチーズが欲しくて手を穴に入れます。チーズをつかむと手を抜くことができません。チーズから手を放したら抜けるのに放さないのです。多くのクリスチャンもそれと同じです。人生の中で何かを握りしめ、手放すことができないのです。手放して、全く委ね切りましょう。

ナオミはルツに、「その足の所をまくって、そこに寝なさい」（3・4）と言いました。それはその人にすべてを委ねることを意味しています。クリスチャンにとって最も聖なる場所はイエス・キリストの足もとです。マリヤはイエスの足もとに座りました。イエスからもっと学びたかったからです。ルツは忠実に従う人でした。「あなたのおっしゃることを皆いたしましょう」。もし私たちがイエス・キリストの力をいただきたいならば、イエスの言われることは何でもしますというように従順にならなければなりません（ヨハネ14・21）。

イエスに近づくのは瞬間的にすぐにできるのではなく、イエスの戒めに従っていく時に近づくことができるようになっていくのです。「神よ、しかが谷川を慕いあえぐように、わが魂もあなたを慕いあえぐ」（詩篇42・1）。イエスの近くを歩みたいなら、イエスに従って行こうという熱い思いが必要です。ボアズはルツを受け入れました。イエスも私たちを受け入れてくださったのです。ボアズは、「私が面倒見よう。あなたは心配する必要はない。私にすべてを委ねなさい」と言ってルツを安心させました。「完全な愛は恐れをとり除く」（Ⅰヨハネ4・18）のです。そしてボアズはルツに希望を与えました。

六、神の臨在と力を知りなさい

パウロはエペソの教会のために祈りました（エペソ3・14〜21）。これは私の皆さんに対する祈りでもあります。自分自身の栄光のためではなく、神の御国の栄光のためです。神は私たちに力を与えたいのです。「わたしを強くしてくださるかたによって、何事でもすることができる」（ピリピ4・13）。私たちを勝利の生活に導いてくださるのです。凱旋行進をすべてのクリスチャンにしてほしい、それが神の願いです。そのような神の力をクリスチャンが体験するのです。すべての人がその力を持つことができます。20節を見てください。神は私たちの願いや思いをはるかにこえてかなえてくださることができる御方です。今現在、経験している力よりもはるかに越えた力を神は与えることができるのです。どうぞ底の方に沈んだままで止まらないでください。神の力はあなたの人生を通して流れ続け、私たちを通して働くのです。無限大に広がる力が私たちのうちに働いているのです。初代クリスチャンたちがローマを変えたことは驚くようなことではありません。私たちも同じ力をいただいています。

私たちはどれくらいイエスに近く歩んでいるでしょうか。あなたは聖められ洗われ、聖霊によって美しい香りが放たれ、悲しみの衣を脱ぎ捨てて喜びの衣を身につけているでしょうか。あなたはイエスに全き明け渡しをされたでしょうか。イエスに従順であられたでしょうか。それがイエスとつながるということなのです。立ち上がってお祈りいたしましょう。

（文責・横田 法路）

〈第21回 沖縄ケズィック・コンベンション〉

ルツ記・愛の物語

ビル・ニューマン

ルツ記1・14〜22

ルツ記は非常に短い書物ですが、士師記の後に出てきます。女性のことが書かれている書物が、聖書に二つあります。一つはエステル記で、エステルはユダヤ民族を救った女性であります。もう一つがこのルツ記です。ルツ記は、単純に言うと愛の物語と言えます。

今晩、そのことを聖書に見ていきますが、二人の主要な登場人物が登場してきます。ボアズとルツです。どのようにしてこの二人が出会い、愛し合って結婚にいたるのか。しかしまず1章に書かれているのは、非常に悲しい出来事です。

エリメレクという人物のこと、彼の名前は、「私の神は王である」という意味です。しかし実際には、彼は神を王とする生活をしていませんでした。彼はベツレヘムにいましたが、飢饉のためにベツレヘムを去って、西の方のモアブの国に行きました。そこに行けば、生活が良くなると思ったのです。しかしそれは間違った選択でした。

私たちは自分の選択によって、その後の人生を決定づけることも起こります。小さな決断であっても大きな決断であっても、それがその後の人生を決めていくのです。エリメレクと妻のナオミは、非常に間違った選択をしてしまいました。

もともとは祝福の場所に住んでいたにもかかわらず、死の場所に移りました。なぜでしょうか。それは彼らが目に見えることによって、決断したからです。霊的なことではなく、物質的なことで決断しました。彼らは信仰によって歩んだのではなく、目に見えるものによって生活をしました。つまり、自分の人生の主を変えたのです。天の神を人生の主とする生き方から、それをモアブというものに変えたのです。

神から離れて自分だけで決めていく、そういう生き方をしたのです。そしてその後、非常に悲しい結末になっていきます。彼らと共に二人の息子も一緒に行きました。二人の息子は、モアブの女性と結婚しました。一人はオルパという名前、もう一人はルツです。

やがてエリメレクは死に、二人の息子も死にました。命の場所から、死の場所に移ったために、このような結果になったと言えます。私たちにもこのようなことが起こりうるのです。祝福の場所にいながら、呪いの場所に移っていく間違った選択です。

しかしそのような悲劇の中でナオミは、もう一度ベツレヘムへ戻る決心をしました。嫁の一人はモアブに残り、もう一人のルツは、姑であるナオミと共に生きる道を選択しました。ルツはこう言っています。「あなたを見捨て、あなたに背を向けて帰れなどと、そんなひどいことを強いないでください。わたしは、あなたの行かれる所に行き、お泊まりになる所に泊まります。あなたの民はわたしの民、あなたの神はわたしの神。あなたの亡くなる所でわたしも死に、そこに葬られたいのです。死んでお別れするのならともかく、そのほかのことであなたを離れるようなことをしたなら、主よ、どうかわたしを幾重にも罰してください」（ルツ記1・16〜17）と。主イエスは私たち一人一人に、このような決断を求めておられます。主と共に最後まで歩き続けるということです。

その様な状況で2章に参りますが、1章ではルツは泣いていました。2章では、野原で働いています。そして3章では、ボアズからの祝福を待っています。4章では、ルツは結婚へと導かれていくのです。

この素晴らしい女性ルツに、何が起こったのかを見ていきたいと思います。

2章1節には、ナオミには夫の親戚でエリメレクに属する一人の有力者、ボアズがいることが述べられています。ルツは、「畑に行ってみます。だれか厚意を示してくださる方の後ろで、落ち穂を拾わせてもらいます」とナオミに言っています。

当時の律法の習慣で、畑の収穫をする時には貧しい人々のために畑に少し落ち穂を残しておくという習慣がありました。ルツは自分とナオミのために、その習慣に従って落ち穂を拾って食べ物を得たいと思ったのです。この中にも神が、貧しい者にどのようなことをしてくださるかが描かれています。

ボアズは、イエス・キリストのシンボルのようなものです。そしてルツは、教会の民を表しています。どういうふうにしてこの二人が出会っていくのか、その出会いの仕方は、私たちが神に出会う仕方を表しています。

ボアズという名前は、「彼の中に力がある」という意味です。それはイエス・キリストの力を現わしています。パウロは、「わたしを強めてくださる方のお陰で、わたしにはすべてが可能です」(ピリピ4・13)と述べています。ボアズは、このキリストを指し示すタイプです。彼はナオミの家族を買い戻す権利を持っていた親族でした。夫を亡くした場合、その人を助けるために買い戻す権利を持っていた人物がボアズであったわけです。そして、それはちょうど、イエス・キリスト御自身が私たちを買い戻してくださる親族のようなものなのです。

ボアズは非常に裕福な人でした。彼はこのルツという女性を自分のもとに引き寄せようとします。そしてイエスも私たちを自分のもとに引き寄せようとしてくださいました。ルツはボアズに、「わたしの主よ。どうぞこれからも厚意を示してくださいますように」と述べています。この2章は、神の恵みがこのボアズを通してルツに流れていくということを示しています。

主イエスの恵みは私たちのような人間を、神のもとへともう一度集めてくださる、そのような一方的な恵みです。ボアズも同じ様に、このルツという女性を自分のもとに引き寄せようとしました。ベツレヘムには、このような畑は沢山あったわけで、彼女がボアズの畑に導かれていったところに、神の御心が働いていたのです。神はすべての事を整えて、私たちを神のもとへ導くように働かれます。ですから、私たちが今晩ここにいるのも、決して偶然ではないのです。この夜、神はここに集まっている私たち一人一人に、特別な言葉を語ろうと願っておられます。

ボアズは自分の畑に行ってルツを見て、あそこで落ち穂を拾っている女性は誰なのかと尋ねていきます。ルツは非常に美しい女性でした。ボアズはこのルツが、どういう人物かを捜し求めていきます。それは主イエスが私たちを捜し求めて、この世に来られたということと同じです。私たちがまだ罪人であったにも関わらず、神は人となってこの世に来られ、私たちを捜し求めてくださいました。私たちが神を愛する前に、神がまず私たちを愛してくださいました。ここでも同じことが起こっています。

ボアズはルツがボアズを見る前に、まずボアズがルツを見ています。そしてまたここには、神が私たちの必要を満たしてくださる恵みがあります。ルツは、飢えていました。ボアズは人に命じて、ルツが沢山の落ち穂を拾えるようにしています。そしてルツに沢山の食べ物を提供しています。また飲み物が飲みたくなったら、あそこに水が汲んであるから飲みなさいと。ボアズはルツのために食べ物、飲み物を与えています。それと同じように、主イエスは私たちの飢え渇きを満たしてくださるお方であるということです。

私はノンクリスチャンの家庭に育ち、若い頃に神を信じるようになりました。その時から今日に至るまで、主イエスはずっと私を満たしてくださいました。私の飢え渇きを満たし、私の霊の飢え渇きも満たしてくださいました。イエス・キリストは私たちを満たしてくださるお方なのです。

このルツという女性は、非常に貧しい女性でした。貧しい者が落ち穂を拾っており、お金も持っていませんでした。当時としては、彼女は非常に身分の低い、異邦の女性でした。一方、ボアズは非常に身分の高い男性でした。彼女は畑で落ち穂を拾っていますが、ある時、ルツにはこの畑が自分のものになっていくのです。

そして同じように私たちもいつかこの地上にあるすべてものが、天の遺産をすべて受け継ぐ者になるのです。そして主イエスと共に、この世を支配する者となります。今は何も持っていないとしても、いつかすべてを所有する者へと変えられるのです。

また私たちが守る恵みというものがあります。2章9節ですが、ボアズはルツが働く邪魔にならないようにと指示しています。イエス・キリストは私の人生を通じて、私たちを守ってくださるお方です。12節でルツは、「どうか、主があなたの行いに豊かに報いてくださるように。イスラエルの神、主がその御翼のもとに逃れて来たあなたに十分に報いてくださるように」と述べています。神は私たちの信仰を通して、私たちを守ってくださるお方です。このボアズがルツを守り、ルツのために必要なものを備えていったように、イエス・キリストはその生涯を通じて、初めから終わりまで私たちの必要を満たし、守ってくださるお方です。

この2章を見るとき、神の恵みがどのようにボアズを通してルツに働いていったのか。私たちが主を信じる時に、何が起こるでしょうか。信じた者として喜びに満たされ、罪が赦されます。永遠の命という賜物が与えられます。天国に行くということを知っています。しかしそれだけではありません。もっと深く、神は私たちに入ってほしいと願っておられます。しかし何にもまして、神は私たち一人一人を、もっと近くへ引き寄せたいと願っておられます。

私たちはどのようにしたら、もっと神御自身に近づいていけるのでしょうか。それこそが、クリスチャン生活で最も大切な点です。イエス・キリストにもっと近づくこと、オーストラリアのケズィックでよく歌う賛美があるのですが、「イエス様のように、主イエス様のように、私はイエス様のようになりたいです」という歌詞です。

どうか、主の霊が私を満たしてくださるように。主の愛に感動し、言葉においても行いにおいても、主のようになりたいと祈りましょう。主イエスを本当に知るということは、そのような願いを持って生きることです。

今晩、どのようにして、イエスに近づくことができるでしょうか。3章1節です。「わたしの娘よ、わたしはあなたが幸せになる落ち着き先を探してきました」と。2節、「あなたが一緒に働いてきた女たちの雇い主ボアズはわたしたちの親戚です。あの人は今晩、麦打ち場で大麦をふるい分けるそうです」。

３節、４節。あなたは、「体を洗って香油を塗り、肩掛けを羽織って麦打ち場に下って行きなさい。ただあの人が食事を済ませ、飲み終わるまでは気づかれないようにしなさい。あの人が休むとき、その場所を見届けておいて、後でそばへ行き、あの人の衣の裾で身を覆って横になりなさい。その後すべきことは、あの人が教えてくれるでしょう」。

私たちは、どのようにして本当にイエスのことを知ることができるでしょうか。パウロは言いました。「わたしは、キリストとその復活の力とを知り、その苦しみにあずかって、その死の姿にあやかりながら、何とかして死者の中からの復活に達したいのです」（フィリピ３・10〜11）。パウロのこの熱い思いは、イエス御自身を知りたいということでした。イエスについて何かを知りたいのではなくて、イエス御自身を知りたいと。

私たちがキリストに近づくためには、まず第一に自分自身を洗わなければなりません。私たちはまず、新しく聖められなければなりません。昨日の洗いは、今日は有効ではないのです。絶えず、日々、私たちは洗い聖められていかなければなりません。

主は弟子たちの足を洗われました。神は聖なるお方ですから、私たちも日々聖められなければなりません。どのようにして聖められるのでしょうか。まず第一は、御言葉を通して聖められます。御言葉は私たちの罪を示し、私たちを聖めてくれます。私たち内の罪を示す御言葉が、私たちを聖めていきます。御言葉を読み、受け取っていくとき、私たちの思いも聖められます。この御言葉の力というのは、素晴らしいものです。

私たちを聖めるものはまず第一に、御言葉です。第二は、イエス・キリストの血潮です。第一ヨハネ1章7節にこうあります。「神が光の中におられるように、わたしたちが光の中を歩むなら、互いに交わりを持ち、御子イエスの血によってあらゆる罪から清められます」。「自分の罪を公に言い表すなら、神は真実で正しい方ですから、罪を赦し、あらゆる不義からわたしたちを清めてくださいます」(9節)。

イエス・キリストが十字架につけられた時、イエス・キリストから血が流れ出ました。この血が流されて、私たちの罪が赦され、聖められるのです。

また、ナオミはルツに、「体を洗って香油を塗り」(ルツ記3・3)なさいと言っています。私たちは聖められ、その次に良い香りのする者にならなければなりません。この良い香りは、イエス・キリストに生かされ、満たされていること、常に聖霊に満たされて、良い香りを放つということです。聖霊が働かない限り、自分の生活を回転させることはできません。「むしろ、霊に満たされ、詩編と賛歌と霊的な歌によって語り合い、主に向かって心からほめ歌いなさい」(エフェソ5・18〜19)とあるように、常に聖霊に満たされ、主を賛美するのです。

夫婦の間にも、家庭の中にも聖霊が必要です。また仕事をするにも、働きをする中にも、イエス・

キリストの霊が必要です。また証しをするときにも聖霊が必要です。そして絶えず、聖霊にコントロールしていただかなければなりません。

最後に申し上げたいことがあります。私たちは洗い聖められ、真の「ナオミ」、「喜び」を持つ者となるために、御霊に満たされ、ナオミがルツに言ったように、一番良い着物、「肩掛け」を着ることです。私たちの生き方を束縛しているものはないでしょうか。賛美に満ちた衣を着なければなりません。「賛美の衣」（イザヤ書61・3）を身に着けよとあります。主を喜ぶことは、私たちの力となります。そして神にすべてを献げていく行き方をしていくのです。

ルツ記3章3～4節、「体を洗って香油を塗り、肩掛けを羽織って麦打ち場に下って行きなさい」と。「ただあの人が食事を済ませ、飲み終わるまでは気づかれないようにしなさい。あの人が休むとき、その場所を見届けておいて、後でそばへ行き、あの人の衣の裾で身を覆って横になりなさい。その後すべきことは、あの人が教えてくれるでしょう」。これは当時のこの国の習慣でした。主人に対して仕える者が、私のすべてをあなたにささげますという行為であったようです。

私たちもルツが行ったようにすることが必要でしょう。私のすべてを主にお献げします。私の生活のすべてをあなたにお献げします。主イエスにすべてを献げます。何が起きるでしょうか。この献げることを通して、ボアズはルツを受け入れることになるのです。そしてボアズはルツの面倒をみることを約束します。そしてこのルツに沢山の大麦を持たせてナオミのもとに帰しました。

エフェソ人への手紙3章14節以下を読みましょう。これはパウロがエフェソの教会の人々のために祈っている祈りでありますけれども、今晩、沖縄の皆様に対する私の祈りが、こうなります。

「こういうわけで、わたしは御父の前にひざまずいて祈ります。御父から、天と地にあるすべての家族がその名を与えられています。どうか、御父が、その豊かな栄光に従い、その霊により、力をもってあなたがたの内なる人を強めて、信仰によってあなたがたの心の内にキリストを住まわせ、あなたがたを愛に根ざし、愛にしっかりと立つ者としてくださるよう……」。

ここに力が与えられると三回書かれていますが、神は私たちに力を与えたいと願っておられます。ここからイエス・キリストの勝利の力を持って出て行くのです。イエス・キリストによって与えられる勝利の力を信じて、感謝をもって生きていくのです。

私たちの願うところ、思うところの全てを超えて、豊かに施すことのできる方は、私たちの神だけです。神は私たちが考えているよりももっと大きなことを私たちに与えたいと願っておられます。もしイエス様の前に来て、主よ、私の全てをあなたに献げますという人がいるならば、神はこの世の弱い者をとって強い者に、賢い者に変えてくださるのです。

牧師先生方、神はあなたを用いてこの主の働きを成そうと願っておられます。神が沢山の賜物を与えたいと願っておられます。この世で生きる目的、それはなぜ自分はここにいるのかということです。あなたの人生に対する神の目的は何でしょうか。他の人ではなく、天国に行くまで待たないで、地上に生きる間に、今自分に置かれている目的が何かを見つけ出すのです。神は一人一人を愛して、目的を与えておられ、成すことのできるお方です。

このルツは最終的に、イエス・キリストの系図に入ることになりました。神はあなたを同じように用いて、神の栄光を現わされることでしょう。

（文責・黒木 安信）

〈第7回東北ケズィック・コンベンション〉

奇妙な質問

ロジャー・ウィルモア

ヨハネ5・1～9

昨年初めてこの東北の地を訪れた時のよい思い出を、今でもはっきりと覚えています。昨年は大震災後、初めてのケズィックの集会でした。まだ震災から1年も経っていませんでしたから、ほんとうに多くの方々が痛みをもったままであったことでしょう。その中で昨年、私が語ったメッセージが、皆様にとってなんらかの励ましになったということは非常に嬉しいことです。また今年、このように皆様とご一緒できたということも、嬉しいことです。

今日は、ヨハネの福音書5章を共に分かち合いたいと思います。今回の東北ケズィックでの私のメッセージ全体の出発点です。ケズィックのメッセージの要点は、「キリストに満ち満ちて生きる」ということです。

英国ケズィックでたびたび奉仕をなさったA・T・ピアソン先生という方がおられました。この先生は、「ケズィックは霊的なクリニックである」とおっしゃいました。ケズィックに行くということは、私たちが病院で診察してもらうことと同じようなことだというのです。

私は、自分が初めてケズィックの集会に出席した時のことを覚えています。スティーブン・オルフォード先生や、アラン・レッドパス先生、スチュワート・ブリスコー先生というすばらしい説教者たちのメッセージを聞いた時、私は17歳でした。その先生方が、キリストの福音、キリストの内にあって力強く生きる、といったことを力強く語ってくださいました。私は今でも、その時自分が光に照らされ、霊的に点検されたということを覚えています。

この有名な説教者たちが御言葉を開いてくださる時、私は医者がメスを使って私の体を切り開いていく、また自分の考えがレントゲンに照らされて、すべて明らかにされていく、そういう経験をしたことを覚えています。ですから、先ほどのピアソン先生の、「ケズィックは霊的なクリニックである」という言葉の意味がよく分かるのです。

私は皆さんに、霊的な診断を受けるという経験を拒まないで、あるいは恐れないでいただきたいのです。イエスは診断だけでなく、必ず治療をしてくださいます。

皆さんもお医者さんに診察していただいたことがあると思いますが、お医者さんは診察の前に、私たちの状況について様々な質問をします。同じように主イエスも、霊的な治療を求めて御自分のところに来る人々に対して、「あなたは何をしてもらいたいのですか」という質問をなさいます。そして時には奇妙な質問をなさるのです。

この6節でイエスは、38年もの間、体が不自由で寝たきりの人に向かって、あなたは「よくなりたいか」と質問なさいました。この質問は何かちょっと変な気がします。でも、それはほんとうにすばらしい質問だと思います。今年の東北ケズィックを通しても神はあなたに、「ほんとうによくなりたいのか」という質問をなさると思います。

もしあなたが重い病気にかかっていて、お医者さんに行った時、お医者さんから、「あなたはよくなりたいですか」と質問されたとしたら、あなたはどのように感じるでしょうか。何か変な気がしないでしょうか。表面的には奇妙な質問だと思われるかもしれませんが、そこにはほんとうに深い意味があると思います。

この質問から、いくつかのことを知ることができます。イエスが質問なさるということには、必ず目的と意味があります。イエスはお話をなさる時に、決して無駄なことはおっしゃいません。イエスは、はっきりとした目的をもってこの人に質問なさいました。

イエスがこの質問をなさった背景を見てみましょう。ヨハネによる福音書はイエスが行われた奇跡を、「しるし」と呼んでいます。奇跡は、イエスが主張されていることがたしかなことであるということの証明、しるしであり、霊的な真理を教えるしるしなのです。

このところに出てくる男の人は38年間、動けませんでした。彼は、罪に縛られている人間の象徴です。彼の肉体的症状は、人間の霊的症状を表しています。そしてこの奇跡は過越《すぎこし》の祭りの時に起こりました。この祭りの時には100万人を越す人々がエルサレムの町に集まり、過越の祭りを祝っていました。エルサレムの町中が喜びに満ちていた、そんな雰囲気だったのです。ところがこの男の人は、町中が喜びに満ちている、その中にたしかにいたにもかかわらず、祭りを祝ってはいませんでした。

彼は、ベテスダの池のそばに伏していました。ベテスダというのは、「憐れみの家」という意味です。ここには五つの回廊がありました。聖書の中の数字にはいろいろな意味がありますが、五という数字は、「神の恵み」を表すと言われています。つまりベテスダの池と五つの回廊とは、「神の憐れみと恵みの場所」なのです。

この男の人はいつも、神の憐れみと恵みの場所にいたのです。しかしそれを実際に受け取るまでには至っていませんでした。神の憐れみと恵みのすぐ近くにいたにもかかわらず、遠く離れていたのでした。

皆さまの中にも、この男の人と同じ状況に置かれている方がいらっしゃるかもしれません。神の憐れみと恵みのすぐ近くにいるにもかかわらず、遠くにいるという状況です。霊的な状況がどんどん悪くなっていく、そういう経験をなさっているかもしれません。

でも、あなたは神の憐れみと恵みのメッセージを聞くために十分な、近い場所にいらっしゃいます。今晩、神があなたにお尋ねになっています。あなたは、「よくなりたいか」と。

私は牧師として、多くのクリスチャンが自ら滅びの道を行く姿を見る時があります。自分自身と家族を傷つけてしまう人を見ることがあります。教会で忠実に奉仕する人たち、教会のリーダーたちの中にさえ、そういう人たちがいるのです。もしそういう人たちが、イエスの前で霊的なレントゲン撮影をしてみると、その人たちの心の中に病気が見つかるのではないかと思います。アメリカのクリスチャンたちの中に、神の憐れみと恵みのすぐ近くにいるにもかかわらず、それを受け取らない人々がたくさんいることを覚えます。ほんとうの意味でイエスを自分の内に持っていない人々のことです。私はそういう方々にお尋ねしたいのです。あなたはほんとうに、「よくなりたいか」と。

大学生の頃、アラバマ州のバーミンガムというところで、スチュワート・ブリスコー先生のメッセージを聞きました。その中で先生が語られた言葉が、今でも忘れられません。私にとって、自分の生き方をまったく変えてしまうほどのインパクトのある言葉でした。私は今晩、皆さんにもお話ししたいのです。今晩のメッセージの中で、たった一つでも心に突き刺さるような言葉を受け取っていただきたいのです。それが神が今晩、皆さんに与えられたメッセージです。その言葉とは、「神さまは、私たちが願った分だけ応えてくださる」というものです。言い替えると、私たちが願えば、願っただけの分、神が与えてくださるということです。

イエスは38年間、寝たきりだった男の人に、「よくなりたいか」とお尋ねになりました。その質問の意図は、この人がほんとうに治りたいと願っているかどうか、その本心をお調べになっていたのです。願いを持つふりをする、ということがあります。それらしく振る舞うということがあります。しかし、本心からの願いというのは、ふりをすることができないものです。

願うということは、クリスチャン生活の最も重要な事柄です。詩編84編2節の言葉をお読みしましょう。

「私のたましいは、主の大庭を恋い慕って、絶え入るばかりです。私の心も、身も、生ける神に喜びの歌を歌います」。

キング・ジェームス訳という古い英語の聖書では、「恋い慕って」という部分に、心の強い願いを表す言葉が使われています。詩編42編1節に、「鹿が谷川の流れを慕いあえぐように、神よ。私の魂はあなたを慕いあえぎます」という言葉があります。今晩、「慕い求める」、「願い求める」ということの言葉に心をとめたいと思います。

私たちはこのケズイック・コンベンションに来て何をするのでしょうか。御言葉を通して、私たちの霊的状態を診断してもらうのです。言い替えると、私が御言葉どおりに生きていこうと願っているかどうか、ということです。神は、私たちが願うところに応じて答えてくださるお方です。今晩、あなたにお尋ねします。あなたは、神にどれだけのものを願い求めているでしょうか。

このイエスの質問について、二つのことをお話したいと思います。

一つは、神はあなたの今の状況を正しく診断できるお方であるということです。イエスはこの男の人の心の中をよくご存知でした。イエスがこの人に、「よくなりたいか」とお尋ねになったのは、この人の状態について情報を得るためではありませんでした。イエスは私たちの情報を得るために、私たちに質問なさることはありません。イエスはすべてのことをご存知です。イエスの質問の意味は、私たちの応答を引き出すためのものです。言い替えると、神が私たちについてご存じであることを私たちに教えるためのものなのです。

エデンの園においてアダムとエバが罪を犯した時、彼らは木の間に隠れました。そこへ神が近づいて来られて彼らに質問なさいました。アダムよ、「あなたは、どこにいるのか」。これは神が、アダムがどこにいるかを知ろうとしてなされた質問ではありません。もちろん、神はアダムがどこにいるかをご存知です。この質問は、アダム自身が自分が今どこにいるかを知るための、彼にそのことを教えるための質問だったのです。

神が私たちに何か質問なさる時、それは神が、「わたしはお前についてこれだけのことを知っているよ」と、ご自分が私たちについてご存じのことを私たちに知らせる、教えるという意味があるのです。列王記上19章に、預言者エリヤが女王イゼベルを恐れて逃げ出すという場面が記されています。彼はその前に、バアルの預言者たちとの戦いに勝利したのですが、イゼベルに「殺す」と言われて怖くなり、逃げ出したのです。彼が洞窟の中に隠れていると、神がエリヤにお尋ねになります。「あなたはここで何をしているのか」。これは神の診断です。この質問を通して神はエリヤに、彼が今どういう状況に陥ってしまっているかを知らせたのです。

今回の東北ケズィックの三日間で、神が皆さんお一人お一人にそのような質問をなさることを期待します。その質問が、外科の先生がメスで手術をなさるように、私たちの心の中に切り込まれて、私たちのほんとうの心の状態を示してくださるようにと期待します。

この質問は、その人自身が自分が霊的に、完全に癒される必要があるということに気づくためのものでした。また、自分が霊的助けを必要としているということに気づくためのものでした。彼はベテスダの池に自分で行ったのではなく、誰かに運んできてもらったのです。そのように、私たちも自分で自分を救いの場に持って行くことはできません。自分の力で霊的に健全になることはできないのです。神だけがそれをすることがおできになります。

もう一つの質問です。その意味は、霊的な希望をこの人に伝えるということでした。このように厳しい状況の中にある人でも、霊的な奇跡、霊的な希望があるということをこの人に伝えたのです。

神は今日、皆さんが今どういう状況にあるのか、どこにおられるのか、すべてをご存知です。あなたの霊的状況をご存知のお方です。今晩、あなたがどういう霊的な必要をもっておられるか、神はすべてをご存知です。神から隠れることはできません。どこに行っても神はあなたのすべてをご存知です。元気なフリをしたとしても、神はすべてをご存知です。

私たちが東北ケズィックに参加する目的は、私たちが神にそれぞれの心をサーチライトで探っていただき、自分のほんとうの心の状態を知るということです。そのような一人一人にイエスはおっしゃるのです。あなたは、ほんとうに「よくなりたいか」と。

このことは、またこう申し上げることもできます。

一つ目は、「神さまは、あなたの心の状態を正しく診断することのできるお方である」ということです。二つ目は、「神さまは、あなたをその状況から解放することがおできになる」ということです。診断をするだけではなく、治療して、癒して、私たちを健康にすることがおできになる方です。

この男の人に対してイエスはおっしゃいました。あなたは、「よくなりたいか」。その質問に対する男の人の答えは7節にあります。「主よ、私には、水がかき回されたとき、池の中に私を入れてくれる人がいません。行きかけると、もうほかの人が先に降りて行くのです」。この男の人の答えの中に深い悲しみがあるのにお気づきでしょう。この人は言うのです。「わたしはほんとうによくなりたい。自分でなんとかしたい」でも、ダメなのです。

しかし彼はそういう状況で満足しているわけではありませんでした。心の中に常に、「いやされたい」という願いを持っていました。一つご警告申し上げたいことは、病気になった時に、あきらめてほしくないということです。

私は牧師として、クリスチャンたちが霊的に病気になった時に、「まあしかたがない」とあきらめてしまっている姿を見て、ほんとうに心が痛みます。この人は言っています。「わたしには助けてくれる人がいない」。けれどもイエスのお心は、「わたしが、あなたを助けるためにここにいるんだ」ということです。そして「起きて、床を取り上げて歩きなさい」とおっしゃいました。この人はどうしたでしょう。彼はイエスの言葉を信じて従いました。

神は私たちの上に奇跡を起こそうとなさるのですが、私たちの側にその奇跡に対して妨げとなるようなものがないでしょうか。デービッド・シーモンズという方の、『いやしの恵み』という本を読んだことがあります。その中にこう書いてありました。「神さまが、私たちの生涯の中に奇跡を起こそうとしておられるが、それを妨げるものが三つある」と。第一は、自分に頼ろうとする心、言い替えると、神さまはいらない、という心です。第二は、その状況に満足してしまう心、妥協してしまう心です。そして第三は、願おうとしない心です。神は私たちが願う分だけ、その必要に応えてくださるのです。

今晩、この最初の時に皆さんにお勧めしたいことは、神が私たちの人生になさろうとしている奇跡を妨げるものをすべて取り払い、神と私たちの間をクリアにしてほしいということです。もしあなたが自分で何でもできると思っておられるならば、神の前にもう一度、謙遜になってひれ伏していただきたいのです。もしあなたが、あなたの現状に満足して、妥協して、あきらめておられるならば、「このままではダメだ」と思っていただきたいのです。そして、願いを持たない方には、神に願う人になっていただきたいのです。

この男の人にはすばらしい奇跡が起こりました。「すると、その人はすぐに直って……」。ここに「すぐに」とあります。神には遅くなることはありません。人生を全く変えるような神との出会い、イエスとの出会いを、今晩この時に持つことができます。ただ一つだけお尋ねしたいことは、「あなたは今晩、イエスさまとの出会いを求めておられるか」ということです。

私の願いと祈りは、ここにいらっしゃる全ての方々が、鹿が谷川の水をあえぎ慕うように、神をあえぎ慕い求めていただきたいということです。あなたは心の中に神を慕い求めておられるでしょうか。お祈りをいたします。

（文責・平島 望）

あとがき

主の恵みと全国にあるケズィックの愛兄姉のお祈りにより、今年も日本各地でケズィック・コンベンションが開催され、大いなる祝福にあずかることができました。御名を崇めます。

箱根での日本ケズィックは第52回を数え、海外からの主講師にはイギリスからジョナサン・ラム師、インドのロバート・カンビル師をお迎えし、それぞれに充実したメッセージをいただきました。ラム師は箱根と東京大会の後、北海道ケズィックでも素晴らしい御用をしてくださいました。

その他、大阪ケズィックにはロジャー・ウィルモア師とビル・ニューマン師、沖縄と九州ケズィックはビル・ニューマン師、東北ケズィックはロジャー・ウィルモア師がそれぞれ素晴らしい御用をしてくださいました。

ラム師は英国ケズィックの前委員長で、三回目の来日。箱根では、「第一のものを第一に」のテーマで、三回のバイブル・リーディングを担当してくださいました。ロバート・カンビル師は１９８７年よりビリー・グラハム福音伝道協会協力伝道者、聖書協会世界連盟総裁としてもご活躍中です。

箱根では村上宣道師が二日目夜の聖会、信徒セミナーには飯塚俊雄師、ユース・コンベンションには大井 満師が、また早天祈祷聖会には本間義信師と岩井 清師が担当され、皆さんそれぞれに味わい深いメッセージを取り次いでくださいました。

いつもながら通訳のために多大の労を担ってくださった小西直也師（J・ラム師）、錦織 寛師（R・カンビル師）、山崎 忍師（教職セミナー、R・カンビル師）、またこの『説教集』のためにご多用の中から要約を担当してくださった村上宣道師、錦織博義師、岩井 清師、土屋和彦師、大井 満師、小西直也師、山崎 忍師、さらに北海道ケズィックの久保木 勁師、大阪ケズィックの吉木 裕師、九州ケズィックの横田法路師、東北ケズィックの飯塚俊雄師、平島 望師に深く感謝いたします。

願わくは主が本書を豊かに祝福し、一人でも多くの方がケズィックの恵みにあずかられますよう、祈って止みません。

2013年5月　初　夏

日本ケズィック・コンベンション出版部　黒木安信

2013 ケズィック・コンベンション説教集

第一のものを第一に ―― 生活・奉仕・地域社会

First things first ―― life・service・local Church

2013年6月1日　初版発行

編　集－黒木安信

発行者－日本ケズィック・コンベンション

〒101-0062　東京都千代田区神田駿河台2－1　OCCビル515

TEL 03-3291-1910（FAX兼用）

e-mail：jkeswick@snow.plala.or.jp

発売所－株式会社ヨベル

〒113-0033　東京都文京区本郷4－1－1　TEL 03-3818-4851

DTP・印刷－株式会社ヨベル

定価はカバーに表示してあります。

配給元－日キ販　東京都新宿区新小川町9－1　振替 00130-3-60976　TEL03-3260-5670

ISBN 978-4-946565-99-1　Printed in Japan　ⓒ2013